창의적 글쓰기와 명저 읽기

| 김은정 저 |

양 성 원

머리말

디지로그(Digilog) 시대, 경영자가 직원들에게 가장 먼저 요구하는 역량 중 하나는 바로 글쓰기 능력이다. 사회 활동의 많은 부분이 커뮤니케이션으로 이루어지며, 이는 글로 작성된 문서로 남는다. 최근 어느 회사는 글쓰기와 관련된 사내 학습 과정을 개설했다고 한다. 그 회사의 경영자는 직원들에게 "우리 회사에서 글을 잘 쓰지 못하는 사람은 절대 승진이 안 된다"라고 말했다고 한다. 유난스러운 회사라고 생각할 수도 있으나, 글쓰기는 시대가 변해도 중요한 역량이다.

그렇다면 사회 진출 전 대학에서 학생들에게 필요한 글쓰기 교육은 무엇인가? 우리 사회가 요구하는 담화 공동체에 맞추어 표현할 수 있는 글쓰기 능력의 기초를 다듬고 이를 완성하여 학생들이 사회생활에서 도약할 수 있도록 하는 것이다.

글쓰기뿐만이 아니다. 대학생들에게 명저는 내 삶의 의미와 세상의 가치들에 대해 묻도록 돕는다. 특히 고전을 자세히 읽고, 고전의 정신에 따라 나와 우리의 현실 문제들을 사고하는 과정은 큰 의미가 있다. 왜냐하면 이 과정을 통해 사회와 문화, 세계를 이해하는 다양한 시각을 키우고 타인과 소통하는 역량을 기를 수 있기 때문이다.

이 책은 학생이 글쓰기를 원활하게 할 수 있으며, 명저 읽기를 통해 주체적으로 고민하고 사유하는 과정을 가지는 것을 교육 목표로 삼고 있다.

먼저 1부에서는 글쓰기의 과정을 시작으로 다양한 장르의 글을 이해하고 실습하는 경험을 통해 글쓰기 기초에 대한 전반적인 이해를 돕고자 하였다. 2부에서는 명저 읽기에 대한 이해를 바탕으로 3권의 인문 명저를 읽고 토론과 글쓰기 등을 통해 심화 학습을 할 수 있게 했다. 각 장마다 학습 목표를 제시하여 학습의 방향을 알려주고 다양한 예시글과 활동을 통해 학습자 스스로가 성취감을 가질 수 있게 하였다. 이를 통해 학습자의 역량에 실질적인 도움이 될 수 있기를 기대하며, 많은 질정과 조언을 바란다. 끝으로 출판을 맡아 주신 양성원 관계 직원들께 진심으로 감사하는 마음을 전한다.

2022년 8월

김은정

차 례

PART 1

글쓰기

01 Chapter

글쓰기의 과정

학습목표

1. 글쓰기의 과정을 이해한다.
2. 글쓰기 윤리의 의미와 글쓰기 윤리를 지킬 수 있는 방안을 이해한다.

우리는 글을 쓸 때 한참 고민만 하다가 마감 시간에 쫓겨 겨우 분량만 채우고 제출하는 경우가 종종 있다. 이때 작성한 글은 어떠한가? 대부분의 필자는 만족스럽지 못한 반응을 보인다. 글쓰기는 여러 단계를 통한 사고의 결과를 글로 표현하는 일이므로 상당한 시간과 과정이 필요하다. 이때 글쓰기 과정은 **주제 정하기-자료 수집-개요 작성-서론, 본론, 결론 쓰기-퇴고하기**로 나눌 수 있다.

1. 주제 정하기

주제란 글에 나타난 필자의 중심 생각을 말한다. 좋은 주제를 선정하는 것은 좋은 글을 쓰기 위한 첫 단계이다. 좋은 주제를 선정하기 위해서 다음의 유의사항을 명심하자.

좋은 주제는 구체적이고 명확한 주제이다.

(예) 태움 문화→ 태움 문화의 의미와 문제점
태움 문화의 문제점과 개선 방안
연애→ 대학생의 연애 방식

좋은 주제는 독창적인 주제이다.
좋은 주제는 필자의 관심사 내지는 흥미가 고려된 주제이다.
좋은 주제는 필자가 충분히 소화할 수 있는 주제이다.
좋은 주제는 독자의 흥미와 요구를 고려한 주제이다.

적절한 주제를 선정했다면, 이를 문장으로 표현하는 **주제문**을 작성해야 한다. 이때 주제문은 필자의 가치 판단이 잘 드러나도록 의문문, 부정문, 청유문보다는 평서문으로 작성하는 것이 좋다.

1) 주제 정하기 방법

(1) 브레인스토밍(Brain storming)

브레인스토밍은 창의적인 아이디어를 만들기 위한 방법이다. 일정한 시간 동안 머릿속에 떠오르는 생각들을 종이에 적어가면 된다. 최대한 많은 아이디어를 떠올리는 데 목적이 있으며, 이에 대한 평가는 배제한다.

> **(예) 겨울방학 :** 여행, 아르바이트, 잠, 쉼, 인턴십, 토익, 계절학기, 컴퓨터, 취미

(2) 마인드 매핑(Mind Mapping)

마인드 매핑은 브레인스토밍을 통해 생성된 아이디어를 유사한 단어끼리 분류하면서 내용을 정리하는 방법이다. 이때 단어들 중에서 키워드를 찾아 이를 중심으로 다른 단어들을 연결하면 된다.

(예)

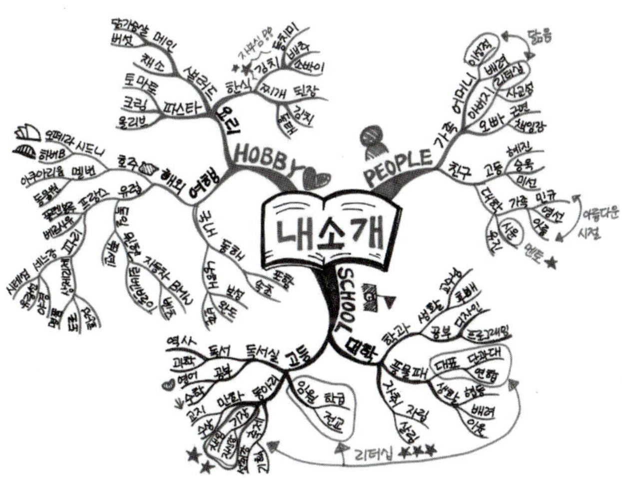

2. 자료 수집

주제를 정하고 주제문을 작성하였다면, 이를 뒷받침해 줄 자료를 수집해야 한다. 대학의 학업 글쓰기에서 자료를 모으는 방법은 계열별로 다양하다. **인문사회계열**에서는 주로 문헌자료나 논문을 활용하거나, 현장조사·설문조사를 통해 과제물을 완성한다. **이공자연계열**에서는 관찰이나 실험을 통한 과정 및 결과를 서술하는 관찰 보고서·실험 보고서를 작성한다. 이때 논리적인 글을 완성하기 위해서는 주제와 관련한 자료의 수집이 중요하다.

1) 자료 수집 참고 사이트

학교 도서관	http://www.lib.cu.ac.kr
국립중앙도서관	http://www.nl.go.kr
국회도서관	http://www.nanet.go.kr
한국 사회과학자료원	http://www.kossda.or.kr
한국 사회과학데이터센터	http://www.ksdc.re.kr
과학기술정보통합서비스	http://www.ndsl.kr
통계청	http://www.kostst.go.kr
국가통계포털	http://kosis.kr
학술연구정보서비스	http://riss.kr
한국학술정보	http://kiss.kstudy.com
누리미디어	http://dbpia.co.kr
네이버 아카데미	http://academic.naver.com
구글 스칼라	http://www.scholar.google.co.kr
한국언론진흥재단	http://www.kinds.or.kr
국가전자도서관	http://www.dlibrary.go.kr
출입국·외국인정책본부	http://www.immigration.go.kr
다누리	http://www.liveinkorea.kr

3. 개요 작성

주제를 정하고 자료 수집을 수행하면, 글쓰기 전 개요 작성 과정을 거쳐야 한다. 글의 개요는 주제를 중심으로 각 하위 항목을 설정하고, 어떠한 내용으로 글을 구성할지를 구체적으로 서술해야 한다. 개요를 통해서 글의 전반적인 짜임을 점검하고, 중복되거나 부족한 내용을 보완할 수 있다. 이때 개요 작성은 화제식 개요나 문장식 개요 방법으로 작성하면 된다. 글의 흐름을 한눈에 파악할 수 있는 **화제식 개요**는 각 항목의 내용에서 핵심이 되는 어구를 중심으로 작성하는 방법이다. 반면 글의 내용을 구체적으로 알 수 있는 **문장식 개요**는 주어와 서술어를 갖춘 문장으로 작성한다.

<table>
<tr>
<td>(화제식 개요)
청년실업의 원인과 해결 방안

1. 서론
2. 청년실업의 원인과 현황
2.1
2.2
3. 청년실업의 해결 방안
3.1
3.2
4. 결론</td>
<td>(문장식 개요)
청년실업의 원인과 해결 방안

1. 최근 청년실업이 사회적으로 큰 문제가 되고 있다.
2. 청년실업의 원인은 크게 두 가지이다.
2.1
2.2
3. 청년실업을 해결하기 위한 대책이 필요하다.
3.1
3.2
4. 청년실업의 원인 분석을 통해 이를 해결해야 한다.</td>
</tr>
</table>

4. 서론, 본론, 결론 쓰기

글의 **서론**은 대개 독자의 흥미를 자극하고 주제를 환기하거나 문제를 제기하는 역할을 한다. **본론**은 자신의 의견이나 주장, 새로운 사실이나 정보 등 글쓴이가 전달하고자 하는 바가 구체적으로 작성되는 부분이다.

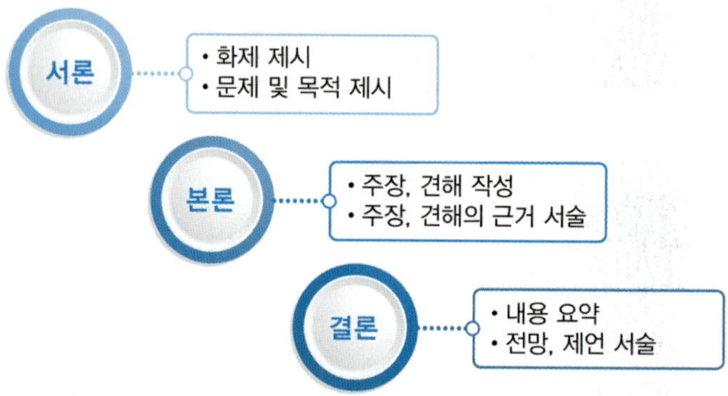

이때 본론은 ①**나열 방식**(내용 1→내용 2→내용 3…) ②**문제 해결식 방식**(현상→원인(또는 정의)→해결책) ③**비판-주장 방식**(비판→주장)으로 구성할 수 있다. 나열 방식은 정보 전달이 용이하기 때문에 독자가 잘 모르는 분야에 대해 설명할 때 많이 사용한다. 문제 해결식 방식은 주어진 문제를 해결하기 위한 글을 쓸 때 활용한다. 비판-주장 방식은 자신의 주장을 강조하고 독자를 설득하기에 유리한 방법이다. 한 편의 글을 쓸 때에는 글을 쓰는 목적과 독자를 고려하여 자신의 생각이나 주장, 새로운 사실이나 정보를 가장 적절하게 표현할 수 있는 방식으로 글을 구성하는 것이 바람직하다.

결론은 앞에서 서술된 내용을 요약하고 글쓴이의 주장을 다시 강조하며 앞으로의 전망이나 제언으로 글을 마무리한다. 서론, 본론, 결론을 작성 후 글을 대표할 수 있는 내용으로 글 제목을 달면 된다.

5. 퇴고하기

퇴고는 글 전체의 통일성과 관련하여 주제와 관련이 없는 정보, 문장, 문단이 작성된 경우 이를 지우는 **삭제의 방법**이 있다. 반대로 주제와 관련하여 부족한 부분이 있다면 **부가의 방법**으로 수정한다. 마지막으로 글의 전체 흐름에 방해되는 부분이 있다면 순서를 변경하는 **재구성의 방법**도 있다. 이때 단락 고치기→문장 고치기→어휘 고치기의 과정으로 수정해야 용이하다.

1) 퇴고 시 점검하기

(1) 주제의 범위가 적절한가?

(2) 제목은 주제를 드러내고 있는가?

(3) 서론, 본론, 결론의 구성이 조직적인가?

(4) 주제와 관련 있는 내용으로 구성되어 있는가?

(5) 내용 체계가 분명하고 구조화되어 있는가?

(6) 내용은 풍부한가?

(7) 내용의 왜곡이나 전개과정에 비약이 없는가?

(8) 주장에 대한 근거를 제시하는가?

(9) 규범(맞춤법, 띄어쓰기)에 맞게 쓰는가?

(10) 적절한 어휘를 사용하는가?

(11) 주어와 서술어의 호응이 자연스러운가?

(12) 소주제문에 대한 뒷받침 문장이 적절하게 갖추어져 있는가?

(13) 장르에 맞는 적절한 문체를 사용하는가?

(14) 주장과 인용을 구분하는가?

(15) 참고자료를 제시하는가?

(16) 구성이 체계적이며 주제를 뚜렷하게 드러내는가?

6. 글쓰기 윤리

글쓰기 윤리는 '필자가 공동체 내에서 글을 통해 소통할 때에 다양한 대상에 대해 지켜야 할 도리'이다. 필자는 사회 구성원으로서 글을 쓸 때 글쓰기 윤리를 반드시 지켜야 한다. 그렇다면 글쓰기 과정에서 윤리를 지키지 않은 경우, 즉 연구 부정행위는 어떠한 것이 있는가? 교육부의 『연구 윤리 확보를 위한 지침(교육부 훈령 153호)에 따르면 다음과 같다.

제12조(연구부정행위의 범위)

연구부정행위는 연구개발 과제의 제안, 수행, 결과 보고 및 발표 등에서 이루어진 다음 각 호를 말한다.

"위조"는 존재하지 않는 연구 원자료 또는 연구자료, 연구결과 등을 허위로 만들거나 기록 또는 보고하는 행위

"변조"는 연구재료, 장비, 과정 등을 인위적으로 조작하거나 연구 원자료 또는 연구자료를 임의로 변형, 삭제함으로써 연구 내용 또는 결과를 왜곡하는 행위

"표절"은 일반적 지식이 아닌 타인의 독창적인 아이디어 또는 창작물을 적절한 출처 표시 없이 활용함으로써, 제삼자에게 자신의 창작물인 것처럼 인식하게 하는 행위(중략)

대학생의 경우 다른 학생의 리포트를 자신이 쓴 글로 제출한다든지, 인터넷에서 판매되는 과제를 구입하여 제출하는 행위가 앞에서 언급된 연구부정행위에 속하게 된다. 또한 리포트 제출 과정에서 여러 참고자료를 부분적으로 엮어 제출한 경우도 잘못에 해당한다. 그 외 타인의 글을 인용할 때 출처를 밝히지 않은 경우, 다른 사람의 생각을 자신의 생각인 것처럼 제시하는 것도 연구부정행위에 속한다.

누구나 한 편의 글을 완성하기 위해서는 다른 사람의 견해를 직간접적으로 인용한다. 특히 대학 글쓰기에서는 자신의 글을 논리적으로 증명하기 위해 과제의 주제와 관련한 자료를 활용한다. **이때 주의할 점은 글을 쓰는 과정에서 글쓰기 윤리를 지키기 위해 '인용하기, 주석 달기, 참고 문헌 작성하기'의 방법을 이해하고 올바르게 적용하면 된다.**

1) 인용하기

인용은 다른 사람의 글에서 필요한 부분을 자신의 글에 빌려오는 것을 말한다. 이때 해당 글의 용어나 내용을 왜곡하지 않고, 인용한 출처를 정확하게 표시해야 한다. 인용의 방법은 타인의 글을 그대로 옮기는 것이 필요한 경우에 사용하는 **직접 인용**과 남의 생각이나 말을 필자 자신이 이해한 내용으로 바꾸어 표현하는 **간접 인용**이 있다.

(1) 직접 인용

① 철자와 문장부호를 사용하여 그대로 옮기거나, 큰따옴표("")를 사용하여 본문에 이어서 쓴다.

② 새로운 단락은 만들어 위아래를 한 행씩 띄우고 본문보다 안으로 들여 쓴다.

③ 인용한 구절이나 문장의 끝에 반드시 주석을 달아 출처를 밝힌다.

> **(예)** 디지털 시대가 열리면서 책의 비중이 떨어진 것은 사실이지만 글의 중요성은 더 높아졌다. 김은정 외(2015)는 "글이 지면에서 화면으로 매체를 옮겨 갔을 뿐 존재의 가치는 전혀 축소되지 않았다"라고 하였다.

(2) 간접 인용

① 원전의 내용을 정확히 파악하여 요약하거나 자신의 용어로 바꿔 쓴다.

② 인용한 부분의 필자와 출처를 분명히 밝힌다.

(예) 인간사는 갈등과 갈등의 해소, 미해소의 연속이라고 할 만큼 여러 가지 갈등을 겪으면서 구성된다. 갈등에는 언제나 상대방이 있고, 내가 원하는 것과 상대방이 원하는 것이 충돌하는 것이 갈등이다. 〈귀주 이야기〉의 갈등은 상대방이 무엇을 원하는지에 귀를 기울이지 않기 때문에 지루할 정도로 갈등은 지속된다.(임선애, 2017: 257)

2) 주석 달기

주석이란 리포트나 논문 등에서 인용한 자료의 출처를 밝히거나 본문 내용을 보충하기 위해서 사용하는 형식이다. 이때 글의 맨 뒤에 출처를 모아 작성하는 미주(endnote) 방식으로 제시하면 된다.

(1) 단행본

'필자명, 책 제목, 출판사, 발행 연도, 참조 쪽수' 순으로 작성한다.

① **저서**

(예) 김은정 외, 『스토리텔링의 이해와 활용』, 소소담담, 2015, 92쪽(또는 p. 92.).

② **번역서**

(예) 테리 이글턴, 『문학을 읽는다는 것은』, 이미애 옮김, 책읽는수요일, 2016, 183쪽(또는 p. 183.).

(2) 논문

'필자명, 논문 제목, 단행본(또는 간행물)의 제목, 권수와 호수, 학회명, 발행 연도, 참조 쪽수'를 작성한다.

> **(예)** 임선애, 「영화 〈귀주 이야기〉의 갈등 양상 연구」, 『문화와융합』 제39권 제3호, 한국문화융합학회, 2017, 257쪽(또는 p. 257.).

(3) 신문 기사

'필자명, 기사 제목, 신문 이름, 신문 일자, 수록 쪽수'를 밝힌다.

> **(예)** 김준기, "부의 불평등 속에 기회의 평등은 없다", 경향신문, 2019.9.1., 3면.

(4) 인터넷 자료

'저자명, 웹 주소, 사이트 이름, 검색 일자(연월일)'를 표기한다.

> **(예)** 조영철, http://www.fnnews.com/news/201907310829133972, 파이낸셜 뉴스, 2019.9.2.

3) 참고 문헌 작성하기

참고문헌은 글의 마지막에 작성한다. 참고한 문헌을 국내와 국외로 나누어 가나다순과 ABC순으로 정리하면 된다. 작성한 글에서 인용과 주석을 정확히 밝힌 경우, 참고 문헌은 배열만으로 작성이 마무리된다.

(예)

고혜원, 「첨삭을 활용한 글쓰기 수업 모형 연구」, 『교양학연구』 4집, 다빈치미래교양연구소, 2016.

박영목, 『작문교육론』, 도서출판 역락, 2008.

정덕현, 「코칭 학습을 활용한 자기소개서 지도방식 연구」, 『대학작문』 11호, 대학작문학회, 2015.

http://geulmal.cu.ac.kr.

https://www.pomona.edu/administration/writing-center.

7. 연습 문제

주제 정하기-자료 수집-개요 작성-서론, 본론, 결론 쓰기-퇴고하기의 과정으로 한 편의 글을 완성해 보자.

Chapter 02

바른 문장 쓰기

학습목표

1. 문장의 기본 원칙을 이해한다.
2. 바른 문장 쓰기를 연습한다.

글쓰기의 두려움에서 벗어나기 위해선 무엇보다 명문을 써야 한다는 생각을 버려야 한다. 문장은 꼭 명문이어야 하는 것은 아니다. 자신의 생각을 글로써 상대방에게 분명하게 전달할 수 있으면 되는 것이다. 즉 문장력이 있으면 된다. 그렇다면 문장력을 기르기 위해서는 어떻게 해야 하는가? 좋은 글을 많이 읽고 직접 글을 써 보고 다른 사람의 평가를 받는 것이 중요하다. 그러나 더 효과적인 방법은 문장의 기본 원칙을 잘 이해하는 것이다.

1. 간단명료한 문장 쓰기

잘 짜인 문장이라 하더라도 길면 지루하게 느껴지고 주제가 뚜렷이 드러나지 않는다. 너무 많은 내용을 쓰기보다 한 문장에 한 메시지만 전달하자는 생각으로 짧게 쓰는 것이 바람직하다. 다음의 학생 글을 살펴보고, 간단명료한 문장이 되도록 고쳐 보자.

〈예1〉

그래서 많은 사람들이 자신의 삶을 포기하고 자살도 많이 하지만 자살은 비겁한 도피에 불과하고 아무리 힘들어도 이러한 상황을 극복하면서 절대로 포기도 항복도 하지 않고 더 나은 삶을 위해 열심히 자신의 삶을 개척하는 것 이것이 바로 인간이 세상을 살아가면서 필요한 의식이 아닌가 생각을 한다. (학생의 북리뷰 중 일부)

☞

〈예2〉

이 책은 우선 실수나 현실의 여건으로 인한 난관을 넘어 사랑을 성취한 이야기로서 보편적인 호소력을 가지고 여성 인물들의 성격, 그들이 결혼하기까지 겪어야 하는 우여곡절, 그러고도 예외적으로 밖에 주어지지 않는 사랑과 조건이 일치하는 결혼 등을 통해 근대의 여성이 처한 부당한 처지, 그 사회가 겪고 있던 전통적인 가치와 새로운 가치의 충돌 등을 자세하고 진실 되게 보여준다. (학생의 북리뷰 중 일부)

☞

〈예3〉

글쓰기를 두려워하는 사람들은 물론 글쓰기를 좋아하는 사람이라도 꼭 한번 읽어본다면 좋을 것 같고 사회적으로도 이 책이 널리 알려져 현대 사회인들 모두 글쓰기를 더욱 습관화해서 피해야 할 대상이 아닌 가벼운 마음으로 즐길 수 있는 활동이 되었으면 한다. (학생의 북리뷰 중 일부)

☞

2. 중복 없는 문장 쓰기

우리가 글을 쓰거나 읽을 때 한 문장에서 같은 단어나 구절이 여러 번 나오기도 하고, 형태는 다르지만 같은 뜻이 반복되는 경우를 종종 발견할 수 있다. 그러나 같은 단어나 표현이 반복되면 읽기 불편하고 지루해지며, 문장의 기본 요건인 간결성이 떨어짐으로써 글의 세련된 맛이 없어진다. 다음의 학생 글을 살펴보고, 중복 없는 문장이 되도록 고쳐보자.

〈예4〉
신부님이 쓰신 책이다 보니 종교적인 내용이 기반이 되어있지만 그것보다 먼저 사랑을 담은 이야기이므로 종교적인 색깔을 띠고 있다는 것을 떠나서 모든 사람이 읽어도 괜찮을 것 같은 책이다. (학생의 북리뷰 중 일부)

☞

〈예5〉

슈바이처의 자서전인 만큼 그의 삶과 생각들이 적혀있는데 이 책을 읽어감으로써 슈바이처의 가톨릭 교리에 대한 사상에 좀 더 깊이 알 수 있다. 독자들은 이 책을 읽어감으로써 위인 알베르트 슈바이처의 사상 즉 '생에 대한 외경'을 삶에 그대로 투영한 모습을 볼 수 있다. (학생의 북리뷰 중 일부)

☞

〈예6〉

인간의 삶을 편리하게 하는 것을 넘어서 인간을 대체하는 4차 산업혁명이 남은 21세기에 가져올 변화는 증기기관, 전기, 인터넷이 탄생시킨 변화와는 확연히 다를 것이다. 그리고 4차 산업혁명이 전개되는 방식은 이전의 산업혁명이 전개되었던 방식과도 다를 것이다.(학생의 보고서 중 일부)

☞

3. 명확한 호응 관계로 문장 쓰기

문장은 기본적으로 '주어+목적어+서술어'로 규정된다. 이 구성 요소가 자연스럽게 결합하지 못하거나 구성 요소도 부합되지 않으면 완전한 문장이 될 수 없다. 전체 문장과 부속 문장은 그 여부에 상관없이 주어와 서술어, 목적어와 서술어가 호응이 되어야 한다. 또한 문장의 구성 요소들은 논리적으로도 호응해야 한다. 접속어로 이어지는 구절의 내용 전개 또한 논리적이어야 한다. 다음의 학생 글을 명확한 호응 관계의 문장이 되도록 고쳐보자.

〈예7〉

청춘이 힘든 이유는 부단히 쌓아야 하는 스펙 때문이 아니라, 한 치 앞을 내다볼 수 없는 미래에 대한 불안 때문이라고 말한다. (학생의 북리뷰 중 일부)

☞

〈예8〉

답을 이끌어내고 쾌감을 느끼는 시간을 지속적으로 느끼는 날이 있었으면 하는 바이기 때문입니다. 다양한 분야에서 도전하고 또 도전하고 싶은 저의 인생이 될 수 있다고 생각합니다. (학생의 자기소개서 중 일부)

☞

〈예9〉

지금 우리가 살고 있는 사회는 부모님 사이에서 태어나 사랑을 듬뿍 받고 부모님의 교육관에 따라 커가기 때문에 행복하다는 감정뿐만 아니라 다른 다양한 감정들도 느껴볼 수 있다. 하지만 문명세계에서는 행복만을 제일 중요시 여기기 때문에 사람에게 있어서 다양한 감정을 느끼는 것은 가장 중요하다고 여겨질 수 있는 부분인데 다른 감정들과 다른 것들을 포기하고 살아가는 게 정말 진정한 행복을 추구하고 있는 것인가라는 의문이 들었다. (학생의 북리뷰 중 일부)

☞

4. 적절한 어휘 선택하기

우리는 글을 쓸 때 비슷한 어휘를 혼동해 쓰는 경우가 있다. 비슷한 어휘의 차이를 파악하고 가장 알맞은 것을 선택해야 정확한 표현이 가능하고 글의 정교함을 더할 수 있다. 문맥에 맞지 않거나 부정확한 어휘를 사용하면 글에 대한 전반적인 신뢰도 떨어진다. 다음 학생 글의 문장에서 부적절한 어휘를 바르게 고쳐보자.

〈예10〉

그에 반해 현대인들은 끊임없이 욕심과 욕구라는 것이 존재하기 때문에 그들은 전쟁을 일으키면서까지 자기가 원하는 욕구들을 충족시키고자 하는 것 같다. 이러한 행동들을 보면 현대인들이 너무나 무자비하고 잔인한 것 같아서 나는 심지어 나도 현대인들이지만 역겹다는 생각이 들 정도다. (학생의 북리뷰 중 일부)

☞

〈예11〉

이 영상에서는 인도의 면직물 수·출입으로 인해 영국 사회가 어떠한 변화를 만들어 왔는지 어떤 방식으로 영국의 경제가 부상했는지에 대한 내용을 말한다. (학생의 보고서 중 일부)

☞

03
Chapter

글쓰기 방법

학습목표

1. 글쓰기의 방법을 올바르게 이해한다.
2. 글쓰기의 방법을 적용하여 짧은 글을 작성해 본다.

좋은 글을 쓰기 위해서는 글쓰기의 과정에 대한 이해도 중요하지만, 글쓰기의 방법을 잘 활용해야 자신의 생각을 더 적절한 서술 방식으로 표현할 수 있다. 이를 위해 글쓰기의 방법인 설명(정의, 예시, 비교, 대조, 분류, 분석, 묘사, 서사)과 논증에 알아보자.

1. 설명

설명은 어떤 대상이나 사실에 대해 객관적인 내용을 담아 서술하는 방법을 말한다. 구체적인 방법으로 정의, 예시, 비교, 대조, 분류, 분석, 묘사, 서사로 나눌 수 있다.

1) 정의

정의는 어떤 단어나 사물의 뜻을 규정하는 설명 방식이다. 한 편의 글을 작성하기 위해서는 어떤 주제에 사용하는 정의가 분명해야 한다. 이때 정의는 정의되는 대상인 '피정의항'과 정의해 주는 내용인 '정의항'으로 나눌 수 있다.

피정의항	정의항
인간은	사회적 동물이다.
대학은	

2) 예시

예시는 구체적인 사례를 들어 서술하는 설명 방식이다. 예시를 들 때는 일반적으로 잘 알려져 있거나 독자가 이해하기 쉬운 예를 선택해야 한다.

펭수는 고위층의 권위에 주눅 들지 않는다. 방송 프로그램에서 방송사 고위층을 언급하는 것은 금기인데 펭수는 툭하면 김○○ EBS 사장을 불렀다. MBC에 가선 '최○○ 사장님, 밥 한 끼 합시다'라고 했다. 이런 모습이 이제 막 사회에 진입해 위계질서와 맞닥뜨린 2030 세대의 속을 풀어주는 것이다. PD를 로드 매니저로 부릴 정도로 '하극상'을 일삼는 것도 이런 맥락에서 인기 요인이 됐다.

어린이보단 어른들이 공감할 만한 설정을 내보내기도 한다. 예를 들어, 스태프들과 놀이공원에 갔을 때는 방송사가 부르면 무조건 와야 하는 스태프들의 처지가 그려지기도 했는데 이런 갑을 관계는 어린이가 이해하기 어렵다. 이러니 어른들이 더 열광하는 것이다.

[데일리안, 2019-11-04, 펭수, 어른들의 속을 풀어주다 중 일부]

내가 좋아하는 영화를 구체적인 예시를 들어 설명해 보자.

3) 비교와 대조

비교는 설명하는 대상의 공통점을 중심으로 설명하는 방식이며, 대조는 차이점을 드러내어 서술하는 방식이다. 이때 주의할 점은 동일한 기준으로 비교와 대조의 방식을 적용하여 서술해야 한다.

방식	구분	글쓰기	말하기
비교	공통점		
대조	차이점		

4) 분류와 분석

분류는 여러 대상을 일정한 기준에 따라 하위의 개념이나 유형으로 나누어 가거나, 상위의 개념이나 유형으로 묶어 나가는 방식이다. 이때 비교와 대조의 방식과 마찬가지로 동일한 기준으로 분류의 방식을 적용해야 한다.

<table>
<tr><th>분류 기준</th><td colspan="5">척추동물</td></tr>
<tr><th>번식 방법</th><td colspan="4">알을 낳음</td><td>새끼를 낳음</td></tr>
<tr><th>체온 조절</th><td colspan="3">변온 동물</td><td colspan="2">정온 동물</td></tr>
<tr><th>호흡 방법</th><td>아가미 호흡</td><td>아가미→
폐호흡</td><td colspan="3">폐호흡</td></tr>
<tr><th>피부상태</th><td>비늘</td><td>축축한 피부</td><td>두꺼운 비늘</td><td>깃털</td><td>털</td></tr>
<tr><th>분류</th><td>어류</td><td>양서류</td><td>파충류</td><td>조류</td><td>포유류</td></tr>
</table>

분석이란 설명하고자 하는 어떤 개념이나 대상을 나누고 쪼개서 그것의 특성을 밝혀 서술하는 방식이다. 가령 '소설은 인물, 사건, 배경으로 구성되어 있다.' '사람의 몸은 순환계, 신경계, 소화계, 배설계, 생식계의 기관으로 나눈다.'는 서술은 분석을 활용한 방식이다.

오늘날 SNS의 영향력을 분석해 보자.

5) 묘사

묘사는 사물이나 상황에 대해 그림을 그리듯 서술하는 방식이다. 이때 대상이 지닌 정보를 정확하게 전달하기 위해 대상의 사실적 속성을 표현하는 객관적 묘사와 필자가 받은 인상이나 느낌을 중심으로 서술하는 주관적 묘사로 나눌 수 있다.

[객관적 묘사]

해바라기는 향일화(向日花) · 산자연 · 조일화(朝日花)라고도 한다. 아무 데서나 잘 자라지만, 특히 양지바른 곳에서 잘 자란다. 중앙아메리카 원산이며 널리 심고 있다. 높이 2m 내외로 자라고 억센 털이 있다. 잎은 어긋나고 잎자루가 길며 심장형 달걀 모양이고 가장자리에 톱니가 있다.

-해바라기, 두산백과

[주관적 묘사]

해바라기는 한해살이라 꽃이 지고 시드는 건 당연한데 워낙 예쁘게 오래 봐서 아쉬웠습니다. 집의 베란다나 직장에서 화사한 꽃을 한동안 보고 싶으신 분들께 해바라기를 선물하기 바랍니다. 화분에 물을 주며 절화나 조화와는 또 다른 매력으로 행복을 느끼실 수 있습니다.

본인이 가장 좋아하는 장소에 대해 객관적 · 주관적으로 묘사해 보자.

6) 서사

서사란 일정한 시간 속에서 일어나는 사건이나 행위를 시간적 순서에 따라 서술하는 방식이다. 묘사와 마찬가지로 객관적 서사와 주관적 서사로 나눌 수 있다.

자신의 하루 생활을 서사의 방식으로 서술해 보자.

다음에 제시된 상황을 시작으로 한 편의 짧은 이야기를 만들어 보자.
-(처음) 한 여자와 남자가 눈물을 흘리고 있다.

2. 설명하는 글의 실제

사회가 점점 발전함에 따라 인간의 일을 로봇이 대신해주는 경우가 많아지고 있다. 예를 들면, 일본에서 사용되고 있는 초밥 만들어주는 기계, 공장에서 사용되는 기계, 인간이 탐색하기 어려운 곳을 탐색해주는 무인정찰기 등이 있다. 이 중에서 드론에 대해서 설명하고자 한다.

우선, 드론이란 '벌이 내는 윙윙 소리'라는 뜻을 가지고 있는 영어 단어인데, 작은 항공기가 소리를 내며 날아다니는 모습을 보고 이름을 붙인 것이다. 우리는 보통 드론을 RC 비행기같이 조종해서 날아다니는 기계로 알고 있다. 물론 이런 것들도 드론이 맞지만 원래 드론은 군사용으로 만들어진 무인 항공기를 의미했다. 하지만 점점 더 사용범위가 넓어지자, 그냥 무인항공기, RC 헬리콥터도 드론이라 부른다.

드론의 첫 등장은 2000년대 초다. 초창기에는 공군의 폭격 연습 대장으로 쓰였지만 점점 발전하면서 공격용과 정찰용으로 사용하기 시작했다. 아무도 탑승하지 않고 원하는 위치에 폭격할 수 있는 장점이 있었기 때문이다. 이 때문에 드론 전쟁이라는 새로운 용어까지 나오기도 했다. 2000년대 중후반에 들어가면서 셀카를 찍어주는 드론, 배달용 드론 등 우리가 잘 알고 있는 종류의 드론이 나오게 된다.

드론의 종류로는 여러 가지가 있다. 공격용, 정찰용, 탐사용 등의 드론이 있다. 첫 번째로, 공격용으로 사용되는 드론은 군사용으로 사용된다. 이것들은 드론에 무기를 탑재하여 아군의 인명피해를 줄일 수 있는 효과가 있다. 이런 효과로 미군에서는 드론들을 보급하는데 힘쓰고 있다. 두 번째로, 정찰용 드론은 공격용과 마찬가지로 군사 목적으로 많이 사용된다. 적국에 몰래 잠입하여 정보를 캐내거나 위치를 알아내는 등의 용도로 사용된다. 정찰용 드론에서 조금 변한 것이 탐사용 드론인데, 탐사용 드론은 인간이 가기 힘든 곳, 예를 들어 화산 폭발이 일어난 곳을 촬영하거나 높은 곳을 촬영해주는 역할을 한다. 이 외에도 배달 용도의 드론, 장난감으로 사용되는 드론 등도 사용되고 있다.

(학생의 글을 재구성)

3. 설명하는 글의 조언지

세부사항			수준 점검
구분		내용	아주 잘됨 잘됨 보통 잘못됨 아주 잘못됨
내용	머리말	1. 설명 대상이 나타나 있는가?	5·······4·······3·······2·······1
		2. 머리말에서 요구되는 내용이 잘 제시되었는가?	5·······4·······3·······2·······1
	본문	1. 이해하기 쉽게 썼는가?	5·······4·······3·······2·······1
		2. 불필요한 설명은 없는가?	5·······4·······3·······2·······1
	맺음말	1. 맺음말에서 요구하는 내용이 잘 쓰였는가?	5·······4·······3·······2·······1
형식	글	1. 머리말–본문–맺음말이 구분되고 있는가?	5·······4·······3·······2·······1
	문단	1. 문단 나누기가 잘 되었는가?	5·······4·······3·······2·······1
		2. 문단 간의 연결이 논리적인가?	5·······4·······3·······2·······1
	문장	1. 문장 간의 연결이 논리적인가?	5·······4·······3·······2·······1
		2. 접속어 등 문장을 연결하는 표현이 잘 쓰였는가?	5·······4·······3·······2·······1
표현	문장	1. 문장의 길이는 적당한가?	5·······4·······3·······2·······1
		2. 문법적으로 맞는 문장을 썼는가?	5·······4·······3·······2·······1
		3. 문장의 호응이 잘 이루어졌는가?	5·······4·······3·······2·······1
	어휘 표현	1. 사용된 어휘와 표현이 문맥에 적절한가?	5·······4·······3·······2·······1
		2. 다양한 어휘와 표현을 사용하였는가?	5·······4·······3·······2·······1

4. 논증

논증이란 어떤 대상에 대한 의견이나 주장을 논리적 · 객관적으로 증명하는 서술 방식이다. 이때 주장은 논제라고 하며, 근거는 논거, 증명 과정은 추론이라고 한다. 추론에는 일반적인 진리나 원칙을 전제로 구체적이고 특수한 사례로 나누어 가는 '연역법'과 개별의 사례나 사실들을 바탕으로 일반화된 법칙을 도출해 내는 '귀납법'이 있다.

연역법	모든 사람은 죽는다. (대전제) 홍길동은 사람이다. (소전제) 그러므로 홍길동은 죽는다. (결론)
귀납법	홍길동은 죽었다. 이순신도 죽었다. 공자도 죽었다. 이들은 모두 사람이다. 그러므로 모든 사람은 죽는다.

다음 주제에 대해 찬성과 반대를 결정하여 논제를 작성하고, 적절한 논거를 작성해 보자.

1) 모병제 도입

논제 :

논거 :

2) 청년기본소득제 도입

논제 :

논거 :

3)

논제 :

논거 :

1) 다음 문장을 대전제로 하여 연역법이 적용된 짧은 글을 작성해 보자.

사람은 기본적으로 인권을 가지고 태어난다.

2) 연역적 방법을 적용한 짧은 글을 써 보자.

3) 다음 문장을 결론으로 삼는 귀납법이 적용된 짧은 글을 작성해 보자.

해양생물을 위협하는 미세 플라스틱 문제를 더 이상 간과할 수 없다.

4) 귀납적 방법을 적용한 짧은 글을 써 보자.

5. 주장하는 글의 실제

지난 11일 통계청이 '2018년 3월 고용동향'을 발표하였다. 많은 언론이 실업률 증가 원인을 최저임금과 연결 지었다. 주요 언론사들이 최저임금과 관련해 드러내고 있는 입장은 다음과 같다. 조선일보는 "경제전문가들은 과도한 최저임금 인상에 따른 부작용이 나타나고 있는 결과라고 주장하고 있다"라고 보도했다. 중앙일보는 "이미 지난해 7월부터 최저임금 인상의 영향을 받는 숙박, 음식업 쪽에서 고용이 감소했다"라고 기사를 실었고, 동아일보는 1면 기사에 "최저임금 발 일자리 쇼크"라는 글을 게재했다. 매일경제는 "서민 위한다던 최저임금 인상, 서민 일자리만 14만 개 날렸다"라고 기사를 실었으며, 한국경제는 "한국만 최저임금 상승 등의 여파로 고용이 악화되는 추세"라고 주장했다. 이처럼 최저임금 인상에 대해 말이 많은데, 과연 이들의 주장처럼 최저임금을 인상하면 안 되는 것일까? 최저임금을 인상해야 하는 이유는 크게 두 가지이다.

우선 최저임금 인상과 실업률이 직접적인 관계가 없을뿐더러 실제로는 실업률이 언론사들이 주장하는 만큼 높지 않다는 것이다. 앞서 신문사들은 통계청이 제시한 3월 고용동향에 나온 실업률이 최근 17년 중 올해가 가장 높다고 주장했다. 하지만 이는 매년 3월 통계만 비교한 결과다. 실업률은 2018년 3월이 4.5%인데, 2월은 4.6%이었다. 2017년 2월은 5%, 2017년 3월의 경우는 4.2%이다. 2016년 또한 마찬가지다. 2016년 1월부터 2018년 3월까지의 그래프를 살펴보면 실업률은 2~3월에 계속 상승하다가 감소한다. 올해도 그 경향성을 볼 수 있는데, 그 이유는 '계절성' 때문이라고 통계청은 설명한다. 고용시장은 계절성이 있고, 2월에 졸업식이 치러지면 처음으로 구직자가 나오기 때문에 2월에 실업률이 가장 높다는 것이다. 결과적으로 3월 고용동향 통계의 결과, 올해 3월이 지난해에 비해 높은 것은 사실이다. 그러나 그 상승 폭이 미비하고, 2월 통계에서는 지난해보다 올해 2월 실업률이 더 낮다. 이 밖의 또 다른 변수들도 무시할 수는 없으므로, 최저임금만으로 인해 17년 만에 실업률이 최악이 되었다고 주장하는 것은 무리가 있다.

두 번째로 최저임금의 취지를 살펴보자. 최저임금은 근로자의 임금에 하한선을 설정함으로써 헌법에 명시된 생존권, 즉 국민의 의식주에 필요한 돈을 보장하여 노동자의 권리를 보장하는 것에 의의를 둔다. 면밀히 살펴보면 의식주에 필요한 자금은 필연적으로 그 나라의 물가와 연관될 수밖에 없음을 알 수가 있다. 경제성장 과정에서 물가의 상승은 필연적인데, 그 이유는 다음과 같다. 나라의 경제가 성장하려면 '요소투입'이 필요하다. 즉, 노동과 자본의 투입이 필수적이라는 뜻이다. 자본이 투입되는 과정 속에서 은행과 사용자 간 '신용창조'에 의해 통화량이 증가하게 된다. 이러한 통화량이 팽창하는 과정으로 인하여 필연적으로 장기적인 물가 상승의 인플레이션을 유발하게 된다. 통계청의 자료에 따르면, 1975년 이후 우리나라의 물가는 지속적인 상승을 기록해왔다. 20년 전에 먹던 자장면 가격이 오늘 먹는 자장면 가격보다 싼 이유가 그중 하나이다. 다시 말해 경제성장 과정 속에서 물가 상승은 필연적이고 이 때문에 최저임금 상승은 불가피하다는 것이다.

오늘날 현대사회로 접어들면서 노동자 복지의 일환으로 최저임금제도가 도입된 이후 실업 문제가 대두되면서 최저임금제도와 실업률 사이의 관계를 놓고 논쟁이 벌어지고 있다. 최저임금 인상에 반대하는 측의 주장을 요약하자면 최저임금 인상으로 사용자의 비용 부담이 커지기 때문에 고용이 감소하고 이로 인해 실업률이 증가한다는 것이다. 하지만 최저임금 인상과 실업률 사이의 관계는 불분명하다. 김동연 기획재정부 장관은 4월 16일 오전에 열린 경제관계 장관회의에서 "취업자 수가 둔화하고 청년층 고용이 악화되는 등 고용상황이 좋지 않은데, 이는 지난해 대비 기저효과, 조선과 자동차 업종 등의 구조조정에 따른 것이며 최저임금 인상의 영향으로 보긴 어렵다."라고 주장했다. 또 그는 "자영업자의 경우 고용원 없는 자영업자는 감소 중이지만, 고용원이 있는 자영업자나 개인 서비스업의 고용은 오히려 증가했다."라고 설명했다. 게다가, 우리나라는 지속적으로 경제성장을 하며 물가도 꾸준히 상승하고 있다. 만일 물가가 상승하는데 노동자의 최저임금은 동결된다면, 진정한 의미에서 최저임금의 목적이 잘 실현되고 있다고 말하기 어려울 것이다. 이와 같은 이유로 최저임금을 인상해야 된다고 생각한다.

(학생의 글을 재구성)

6. 주장하는 글의 조언지

세부사항			수준 점검
구분		내용	아주 잘됨 잘됨 보통 잘못됨 아주 잘못됨
내용	서론	1. 서론이 흥미로운가?	5·······4·······3·······2·······1
		2. 서론에서 요구되는 내용(주제문, 내용의 전개 방향 등)이 잘 제시되었는가?	5·······4·······3·······2·······1
	본론	1. 주장을 분명하게 제시하였는가?	5·······4·······3·······2·······1
		2. 근거를 구체적이고 다양하게 제시하였는가?	5·······4·······3·······2·······1
		3. 주장과 근거의 관계는 긴밀한가?	5·······4·······3·······2·······1
	결론	1. 결론에서 요구하는 내용(주장 요약, 대안 제시)이 잘 제시되었는가?	5·······4·······3·······2·······1
형식	글	1. 서론–본론–결론이 분명하게 구분되었는가?	5·······4·······3·······2·······1
	문단	1. 문단 나누기가 잘 되었는가?	5·······4·······3·······2·······1
		2. 문단 간의 연결이 논리적인가?	5·······4·······3·······2·······1
	문장	1. 문장 간의 연결이 논리적인가?	5·······4·······3·······2·······1
		2. 접속어 등 문장을 연결하는 표현이 잘 쓰였는가?	5·······4·······3·······2·······1
표현	문장	1. 문장의 길이는 적당한가?	5·······4·······3·······2·······1
		2. 문법적으로 맞는 문장을 썼는가?	5·······4·······3·······2·······1
		3. 문장의 호응이 잘 이루어졌는가?	5·······4·······3·······2·······1
	어휘 표현	1. 사용된 어휘와 표현이 문맥에 적절한가?	5·······4·······3·······2·······1
		2. 다양한 어휘와 표현을 사용하였는가?	5·······4·······3·······2·······1

Chapter 04
요약하기

학습목표

1. 읽기의 방법을 올바르게 이해한다.
2. 요약하기의 방법을 올바르게 이해하고 실습해 본다.

요약이란 글에서 중요한 내용을 간략하게 정리하는 것이다. 요약은 원문보다 짧지만 원문의 중심 내용을 체계적으로 담아야 한다. 또한 요약문은 원문의 내용을 중립적으로 전달해야 한다. 이러한 요약을 적절하게 하기 위해서는 먼저 글을 정확하게 읽을 수 있어야 한다. 따라서 읽기의 방법에 대해 알아보고, 효과적인 요약하기 방법을 살펴보자.

1. 읽기의 방법

1) 먼저 **제목**과 **부제**를 파악한다.

2) **주장하는 글**은 마지막 단락부터 먼저 읽는다. 마지막 단락을 통해 글의 주제와 필자의 태도 및 관점을 파악할 수 있다. 그다음 첫 단락을 읽는다. 첫 단락에는 필자가 어떤 내용을 다룰 것인지가 드러난다.

반면 **설명하는 글**은 첫 단락부터 읽는다. 첫 단락에는 글에서 설명하고자 하는 대상에 대한 정보가 담겨있다. 그다음 순서대로 단락을 읽으며 필자가 말하고자 하는 내용을 파악한다. 마지막 단락은 앞에서 전개한 내용을 전체 요약하고 정리하므로 유의해서 읽는다.

3) 각 단락의 **중심 문장**은 밑줄을 그으며 서술부 중심으로 읽고, **핵심어**는 동그라미를 치면서 읽으면 요약을 할 때 효과적이다. **중복되는 문장**과 내용 전개에 큰 영향을 미치지 않는 **부정 문장**은 (　　) 표시를 하면 요약 시 도움이 된다. **전개 내용을 나열**하는 경우, ①, ②와 같이 번호를 붙여 내용을 파악한다. '그러나, 그런데, 따라서, 이처럼, 그러므로'와 같은 **접속사**는 네모로 표시하고, 뒤에 나오는 내용에 유의하며 읽는다.

4) 주요 내용은 **메모**해 두면 글의 전체 흐름과 구조를 파악하기에 용이하다.

5) 1독으로 글의 내용 파악이 어렵다면 **다시 읽기**를 반복하자.

2. 요약하기의 방법

1) 먼저 글 전체를 가벼운 마음으로 읽는다.
2) 앞에서 살펴본 읽기의 방법을 적용하여 다시 글을 읽는다.
3) 각 단락의 내용을 한 문장으로 정리한다.
4) 글의 전체 주제를 파악하고 이를 한 문장으로 쓴다.
5) 단락별 주제를 정리하고 단락별 주제를 연결하는 문장을 쓴다.
6) 3)의 내용 요약 문장, 4)의 전체 주제 문장, 5)의 단락별 주제 문장을 원문의 내용 순서를 고려하여 재구성한다.
7) 원문과 요약문을 비교하며 요약문이 원문의 중심 내용을 왜곡 없이 서술하는지 확인한다.

3. 연습 문제

1) 다음 글을 읽고 한 문장, 두 문장, 세 문장의 요약문을 작성해보자.

취업을 위한 자기소개서는 자기표현의 성격을 가진 논증적 글쓰기이며, 의도성, 정보성, 상황성, 통일성, 일관성의 특징을 가진다. 어느 한 요소의 중요성을 강조하기 어려우나, 자소서의 질문 의도를 잘 파악하는 상황성은 자신을 표현하고 채용담당자를 설득시키기 위한 첫걸음이다. 따라서 성장과정-성격의 장단점-지원 동기-입사 후 포부에 대한 질문 의도를 명확하게 파악해야 한다.

먼저 성장과정의 질문 의도는 '지금의 당신은 어떤 사람인가'이다. 성격의 장단점은 회사가 지원자의 성격을 통해 '원만한 회사 생활이 가능한지'를 보려는 것이다. 세 번째로 지원 동기의 질문 의도는 '우리 회사에서 얼마나 열정적으로 일할 수 있는가'이다. 마지막으로 입사 후 포부는 '회사에 얼마나 높이 기여할 것인가'를 보는 것이다.

이 같은 질문 분석으로 작성된 자소서의 첨삭 지도는 학습자 주도로 이루어져야 하며 교수자 중심이 되어서는 안 된다. 또한 글쓰기는 고쳐쓰기라는 말처럼 1회의 첨삭과 수정으로는 더 좋은 자기소개서로 완성하기 어렵다. 무엇보다 여러 번의 첨삭을 통해 학생들이 글을 쓰는 능력이 내면화될 수 있도록 교수자의 자세가 중요하다. 이때 첨삭은 내용 첨삭과 형식 첨삭이 균형을 이루어야 하며, 명시적 첨삭과 암시적 첨삭도 마찬가지이다. 이외에도 구체성을 확보하지 못한 부정적 첨삭은 미숙한 수준의 학습자에게 글쓰기에 대한 부정적 인식을 강화시킬 수 있다는 점을 명심해야 한다.

-김은정, 「자기소개서 작성 방안과 첨삭 지도의 실제」, 『문화와융합』 제39권 제5호, 한국문화융합학회, 2017, pp. 563-564.

☞

2) 다음 글을 읽고 요약문을 작성해보자.

'어른' 곽덕순

지난주 KBS 수목드라마 〈동백꽃 필 무렵〉(동백꽃)이 막을 내렸다. 실로 오랜만에 '열심히' 드라마를 봤다. '본방 사수'를 위해 귀갓길에 종종걸음을 친 것이 언제였는지 기억이 나지 않을 정도였는데, 이번에 다시 경험했다. 본방을 하고 나서 몇 시간 뒤면 케이블 TV에서 재방송을 해주고, 동영상 스트리밍 서비스인 '넷플릭스'에서도 큰 시차 없이 다시 볼 수 있었지만 한시라도 빨리 보고 싶은 마음이 강했다. 그만큼 매력적인 드라마였다.

많은 등장인물이 드라마의 인기와 함께 조명을 받았다. 동백이와 함께 여성 서사의 한 축을 이룬 향미와 정숙(동백이 엄마)은 드라마의 후반부를 강하게 끌고 나갔다. 몇몇 대목에서는 주인공보다도 더 강한 존재감을 보이기도 했다.

그러나 내가 눈여겨본 인물은 따로 있었다. 남자 주인공 용식이의 엄마인 곽덕순이었다. 드라마 전반부엔 '(드라마 속 가상 도시인) 옹산 서열 1위'로 동백이를 든든히 지원해주는 '베프'였으나 동백이와 용식이가 연애를 시작하면서는 마음속에 갈등을 겪는 인물이다.

곽덕순은 드라마 속에서 가장 큰 어른이다. 나이만 많은 것이 아니라 '진짜 어른'이다. 〈동백꽃〉 인터넷 홈페이지에 있는 인물 설명을 보면 곽덕순은 '카리스마 동네 짱'인데 그 리더십이 지갑에서 나온다. 노상 억척을 떨다가도 골목 사람들에게 힘든 일이 생기면 남몰래 큰돈을 꿔어준다. 그리고 배고픈 놈은 일단 잡아다 뭐든 먹이고 볼 정도로 품이 크다. 동백이도 그렇게 품어주다 '베프'가 됐다.

이런 인물 설정은 드라마 속에서 충실히 구현됐다. 곽덕순은 옹산 게장 골목의 상인회장이면서 해결사다. 온갖 소문이 난무하는 시장 골목 안에서 항상 중심을 잡는 인물이다. 무엇보다 감탄한 것은 드라마가 갈등 국면으로 들어간 뒤에 나온 곽덕순의

'자기 객관화' 능력이었다. 곽덕순은 유복자로 낳아 애지중지 키운 막내아들 용식이 '초등학생 애가 딸린 미혼모' 동백과 연애를 하는 와중에도 초심을 잃지 않는다. 아들의 고생길을 막으려 교제를 반대하면서도 '이 정도밖에 되지 않는 나'를 부끄러워한다. 숱한 드라마의 주인공 엄마와 달리 동백을 미워하지도 않는다. 아들에게도 충분히 생각해보라고 설득할 뿐 모진 말을 내뱉지 못한다.

가장 어른스러운 대목은 동백이의 아들 필구에게 큰 실수를 한 뒤에 나온다. 곽덕순은 필구가 근처에 있는 줄 모르고 동네 상인들 앞에서 '동백이에게 혹(필구)이 달렸다'는 표현을 쓴다. 이 말을 들은 필구는 큰 상처를 받고 동백이 역시 마음이 무너진다. 곽덕순은 자신의 실수를 인지하는 즉시 필구에게 사과한다. 동백이에게도 사과하고, 동백이 엄마 앞에서는 부끄러워 어쩔 줄 몰라한다. 이후에도 틈나는 대로 필구의 마음을 풀어주려 애쓴다. 결국 드라마 마지막 회에서 곽덕순은 다시 필구의 마음을 얻는 데 성공하고 활짝 웃는다.

'다 자란 사람. 또는 다 자라서 자기 일에 책임을 질 수 있는 사람.' 국립국어원 표준국어대사전에 나와 있는 어른의 정의다. 한국은 이미 2년 전에 고령사회로 진입했지만, 어디에서든 어른을 찾기는 쉽지 않은 사회가 됐다. 신문이나 방송이 연말연초마다 종교계 어른들을 모시고 연례행사처럼 말씀을 들어 전하던 '특집기사'가 드물어진 것도 다른 이유는 없다.

어느 날 갑자기 어른들이 모두 사라져서 그런 것은 아닐 것이다. 다만 어린 세대들은 더 이상 나이가 많다는 이유로, 과거의 경력이 훌륭했다는 이유로 아무에게나 존경을 주지 않는다. 먼저 행동하고, 냉정하게 자신을 돌아보고, 스스로에게 더 엄격한 모습을 보여줘야 존경을 받을 수 있다.

세월이 혼탁할수록 더 많은 어른들이 필요하다. 드라마 속에서나마 훌륭한 어른을 만나 참 반가웠다. 드라마 밖에도 잘 보이지 않을 뿐 곽덕순 같은 어른이 많으리라 믿는다.

[경향신문, 2019-11-27, 홍진수, '어른' 곽덕순]

☞

4. 요약문의 조언지

세부사항	수준 점검
	아주 잘됨 잘됨 보통 잘못됨 아주 잘못됨
1. 먼저 제목과 저자의 이름을 쓴다.	5·······4·······3·······2·······1
2. 논제를 명확하고 간결하게 제시한다.	5·······4·······3·······2·······1
3. 각 핵심 내용이 하나의 문장으로 언급되게 쓴다.	5·······4·······3·······2·······1
4. 필요하다면 각 핵심 내용에 대해 간단히 설명한다.	5·······4·······3·······2·······1
5. 독자가 이해할 수 있는 부차적 정보들은 제거한다.	5·······4·······3·······2·······1
6. 균형 있게 객관적으로 접근한다.	5·······4·······3·······2·······1
7. 단락 구성이 잘 이루어지게 한다.	5·······4·······3·······2·······1
8. 문장 구조, 문법, 맞춤법, 구두점들을 확인한다.	5·······4·······3·······2·······1

05
Chapter

보고서

학습목표

1. 각종 보고서를 이해한다.
2. 실제 보고서를 작성해 본다.

흔히 '리포트'라고도 불리는 보고서는 대학에서 학생들이 가장 많이 쓰게 되는 글이다. 일반적으로 학생들이 직접 조사·연구하거나 실험을 한 결과물을 정리한 글, 또는 교수의 지시 사항과 요구에 맞추어 작성한 글을 의미한다. 이러한 보고서는 학생의 학습능력 향상과 지적인 탐구 의식을 고취시키는 데 목적이 있다.

1. 대학 보고서

글쓰기는 '주제 정하기, 자료 수집, 개요 작성, 서론 · 본론 · 결론 쓰기, 퇴고하기'의 순서로 이뤄지는 것을 제1장 글쓰기의 과정에서 살펴보았다. 이러한 절차로 대학 보고서를 써나갈 때 보고서는 학생의 주장에 대해 사실 근거를 바탕으로 논리적으로 규명하는 글이므로 창의성, 명확성, 전문성, 체계성이 요구된다. 또한 다음과 같이 서론, 본론, 결론의 3단 구성과 내용으로 작성한다.

구성	내용
서론	연구자의 문제 제기, 연구 목적, 연구의 필요성 및 배경 설명, 연구의 범위, 연구의 관점이나 방법 제시
본론	연구자의 주장에 대한 근거 제시, 논증
결론	본론의 내용 요약 및 정리, 성과, 전망, 대안, 기대 효과 제시
참고문헌	기본 자료 및 인용 자료 제시

2. 실험 보고서

실험 보고서는 자연과학, 공과대학 학생이 자주 접하는 보고서의 형태로, 실험실에서 행한 실험의 과정과 결과를 객관적으로 기술하는 보고서이다. 이때 다음의 순서로 실험 보고서를 작성하면 된다.

1) **표지** : 실험 제목, 실험일, 실험 장소, 과목 및 교수명, 제출일, 인적 사항을 적는다.
2) **실험 목적** : 실험이 왜 필요한지, 실험을 통해 무엇을 얻고자 하는지, 실험을 통해 확인될 것으로 예상되는 현상이나 이론이 무엇인지를 적는다.
3) **실험 이론** : 실험에 활용된 이론이나 원리를 조사하여 설명한다.
4) **실험재료 및 실험 방법** : 실험 준비물과 장치, 실험 순서, 실험 조건, 측정 원리와 방법, 데이터 도출 방법 및 작성 요령을 적는다.
5) **실험 결과** : 실제 실험한 결과를 정확하게 제시하며, 표와 그래프를 활용한다.
6) **결론 및 분석** : 실험 목적에서 제기된 의문과 문제에 대한 해답을 찾고, 예상했던 결과나 가설에 부합한 결론이 나왔는지, 만약 그렇지 않다면 그 원인이 무엇인지를 분석한다.
7) **참고문헌** : 실험 과정과 보고서 작성에 참고한 문헌과 자료를 제시한다.

3. 보고서 작성 시 유의사항

1) 주제가 분명하게 드러나야 한다.
2) 주제와 관련 있고 신뢰성 있는 자료를 바탕으로 작성해야 한다.
3) 개요를 짜고, 보고서의 체계를 갖추어 서술해야 한다.
4) 객관적인 용어와 개념을 사용해야 한다.
5) 간결한 문장으로 작성해야 한다.
6) 여러 번 퇴고한다.

4. 보고서의 실제

서울시 강동구 성내동 청년 주택 건설 갈등 분석과 해결방안

'청년 난민'이라는 표현이 생길 정도로 집값 부담에 따른 청년들의 주거난은 심각하다. 이러한 현상은 전국 어디에서나 심화되고 있으나 특히 서울은 심각한 상황에 이르렀다. 이를 해결하기 위해 서울시는 다양한 주택 공급 사업을 추진해왔다. 그러나 수요에 비해 공급은 턱없이 부족하고 시행 과정에서 지역주민들의 반대와 재정의 한계에 부딪혀왔다. 그러던 중 박○○ 시장은 2016년 3월 23일 '역세권'의 가능성에 주목하여 민간에 개발이익을 제공하여 투자를 이끌어내고, 서울시는 청년들에게 주택을 공급을 확산시킬 수 있는 역세권 2030 청년 주택 사업을 발표한다. 본 갈등 지역인 강동구 성내동은 사업 대상 지역으로 선정된다.

강동구 성내동은 2018년 1월 서울시에서 해당 부지를 매입했고, 이후 강동·성내 역세권 청년 주택 공급 촉진 지구 지정을 위한 주민 열람공고를 통해 주민의견 접수 후 사업시행을 위한 심의 단계를 앞두고 있는 상황이다. 이로 인해 성내동 지역주민 중 청년 임대 주택 건설을 반대하는 주민들은 반대위원회를 결성하고 집회를 시작하였다. 집회는 강동구청과 서울시청 앞에서 지속적으로 이루어지면서 지난달 17일에는 청년 주택 사업 무산 방지를 주장하는 청년 단체들과의 맞불 집회까지 발생하였다.

본 갈등의 행위자에는 사업을 추진하는 서울시와 시행과정에서 권한이 부여되는 자치구인 강동구가 속한다. 또한 청년 주택의 입주 대상자이자 사업이 시행되길 바라는 2030 청년들과 찬성 측 성내동 주민들, 반대 측 성내동 주민이 해당된다. 갈등의 해결을 위해서 그중에서도 특히 대립구도가 심각한 서울시와 반대 측 주민들의 입장을 자세히 살펴보았다.

먼저 반대 측 주민들은 사업 자체의 공공성을 지적하고 추진 과정에서 주민들의 의견 무시, 주변지역 슬럼화와 집값 하락, 공사 중 발생하는 소음·분진 피해 등을 이유로 반대한다. 하지만 가장 크게 반발하는 이유는 임대업을 주로 하는 반대위원회 구성원들이 자신들의 임대수입 하락 우려와 청년 임대 주택의 부지에만 차별적으로 토지 용도변경을 허가해줌으로써 개발 형평성에 어긋난다는 점이다. 반면 서울시는 이러한 주장들에 대해 청년들을 위해 주택을 공급하기 위한 목적으로 용도변경을 하는 것이며 사업 자체는 법적으로 문제 되는 것이 없다는 점을 들어 반박했다. 또한 집값 하락과 슬럼화에 대해서는 이미 다른 지역에서 실시된 사례를 들어 근거가 없는 추측임을 강조하며 주민들의 인식의 변화를 위해 노력하겠다는 입장을 밝혔다.

행위자들의 입장 차이를 살펴본 결과 갈등의 유형은 정부와 반대 주민 간의 이해관계가 충돌되는 욕구 갈등과 공존과 상생이라는 가치에 대한 청년층과 노·장년층 간의 세대갈등, 집단 내의 구성원들을 봤을 때 세입자와 임대업자 간의 입장별 차이에서 오는 계층 갈등도 나타나 갈등이 복합적으로 혼재되어 있는 정부-사회집단 간 욕구 가치 갈등으로 판단된다.

갈등의 원인은 크게 3가지로 볼 수 있다. 첫째, 청년 주택난 해결에만 급급한 나머지 '역세권'의 특수성을 간과하여 사업을 시행함으로써 갈등이 생겨났다고 보는 것이다. 둘째, 세부적인 절차를 진행하면서 주민들과의 소통을 하지 않고 일방적으로 추진했다는 것이다. 마지막으로 반대 측 주민들 또한 청년 주택 임대 문제에 따라 발생하는 자신들의 손실에만 치중한 나머지 공존과 상생을 목적으로 하는 사업임에도 불구하고 절대 양보하지 않고 반대만 주장하는 것이다.

갈등을 해결하기 위한 현시점의 노력들을 보면 서울시는 사업의 공공성 확보를 위해 8년 후 청년 임대주택을 매입하고, 20년 동안 임대가 가능하게 하는 법령 개정을 요청한 상태이다. 또한 지역주민과 소통하는 장을 만들고자 한다는 의견을 밝혔다. 청년들은 대표 단체들이 갈등 지역에 주민들을 설득하기 위해 간담회 개최, UCC 제작을 하는 등의 노력을 하고 있으며 갈등 없는 정책을 개발하기 위한 청년들 간의 토론도 실시한다. 하지만 강동구는 갈등에 대한 뚜렷한 입장 표명을 하지 않고 있으며 반대 측 주민들 또한 갈등 해결하기 위한 타협책을 제시하지 않고 있어 현시점 해결 노력이 부재한 상태이다.

앞의 상황을 고려했을 때 강동구 성내동 청년 주택 건설 갈등의 해결방안을 마련하는 것은 굉장히 예민하고 복잡한 문제임을 확인할 수 있다. 따라서 해결방안을 세우기에 앞서 각 행위자들의 입장과 주장이 타당한지 검증하는 것이 선행되어야 한다. 또한 상충되는 여러 가지 사안에 중에서 어떤 것을 더 고려하여 대안을 마련할지 선택하는 것도 중요하다. 현재 이 갈등에서 고려할 핵심 사안으로 3가지를 선택하여 이에 따른 대안을 마련해보고자 한다.

먼저 사업 부지 주변에서 다세대 주택 임대업을 하는 반대 측 주민들이 청년 주택의 건설로 인해 자신들의 수입이 감소되는 것을 방지하고자 한다. 이는 기존의 지역주민들의 생계유지 및 재산권 침해와 청년들의 생존권이 상충되는 부분이기 때문에 어느 누구의 입장만 옳다고 판단할 수는 없는 사안이다. 이를 해결하기 위해 서울시에게 고용노동부에서 실시하는 실업급여를 모티브로 하여 '임대 수입 감소 지원금' 지급을 제안한다. 이를 착안하여 성내동에 임대업을 하고 있는 주민들 중 기존에 자신들의 세입자가 청년 주택에 가기 위해 계약 해지 혹은 재연장을 하지 않을 경우 증빙 서류를 제출하면 다음 세입자를 구하기 전까지 일정 기간 동안 지원금을 제공하는 것이다. 물론 이 경우에는 세입자가 청년 임대주택 대상자에 해당되어야 하며 세입자가 임대주택에 입주하려는 사실을 입증해야만 한다는 것을 전제로 한다. 지급 기간과 금액은 경우에 따라 상이하게 적용되어야 하므로 관련 분야의 전문가를 모집해 결정해야 할 것이다. 청년 주택의 건설이 자신들의 생계수단인 임대업의 수입 감소를 유발한다는 주장을 충분히 수용하면서 주민들에게 실질적인 자금 지원이라는 대안을 제시함으로써 타협점을 찾을 수 있을 것이다.

다음으로는 용도 개발에 형평성이 어긋난다는 주장에 대한 대책 마련이 필요하다. 청년 주택 부지 인근은 개발이 제한되어 단층 건물이 많지만 청년 주택은 부지의 용도변경을 통해 35층 건물이 들어선다. 부동산 전문가들도 이에 대해서는 주민들의 주장이 터무니없는 것은 아니라는 의견이 많지만 무작정 다른 곳들까지 용도변경을 해줄 수는 없다. 따라서 진○○ 국토부 주거복지정책관이 언급한 LH의 집주인 임대 사업을 서울시와 강동구가 성내동 주민들에게 적극적으로 소개하고 진행될 수 있게 조력자 역할을 해주는 것이다. 즉 용도변경이 힘들다면 기존 임대업을 하는 주민들이 청년 주택이 들어서더라도 그들의 경쟁력을 확보할 수 있게 정부와 지자체가 도움을 주는 것이다. 예를 들어 설명회 개최를 성내동 주민들의 편리성을 고려한 장소에서 시행한다거나 사업 신청 시 순위 배정을 청년 임대주택과 자택 간의 거리가 가까울수록 우선 시해주는 것이다. 앞서 제안한 '임대수입 감소 지원금'이 기존의 세입자들의 유출에 따른 해결책이라면 자신들의 세입자가 될 수 있는 청년층들을 확보하는데 경쟁력 향상해준다면 주민들과의 형평성 측면에서 제기되는 논란도 잠재울 수 있는 효과가 기대된다.

마지막으로 이러한 해결방안이 잘 시행될 수 있도록 무엇보다 먼저 필요한 주민들의 인식개선과 의견 수립을 위한 실효성 있는 소통의 공간을 마련하는 것이다. 아무리 필요한 정책일지라도 서로의 이해관계가 달라 갈등이 빚어질 경우에 사전 단계에서부터 주민의견을 충분히 수렴해 사업에 반영해야 한다. 하지만 이번 사업 추진에 있어 강동구는 주민들의 협조를 위한 노력이 부재했으며 갈등이 심화된 시점에도 별다른 노력을 하고 있지 않아 감정의 골은 더 깊어지고 있다고 보인다. 집값 하락과 주변지역 슬럼화에 따른 우려, 공사 과정의 불이익 등은 사업이 선행된 서울시 내 지역이나 비슷한 사업이 시행된 타 지역의 사례를 들어 주민들을 충분히 설득할 수 있는 부분이다. 소통의 장을 마련한다면 충분히 해결될 수 있는 것이다. 따라서 강동구에게 청년 임대주택 건설 갈등을 위한 임시기구나 부서를 마련해 행위자들 간의 소통이 이루어질 수 있는 정기적인 만남의 자리를 만들 것을 제안한다.

이러한 갈등은 주민들과의 소통에 가장 가까운 위치에 있는 지자체 · 자치구들의 역할이 매우 중요하다. 이번 6 · 13 선거로 당선된 이○○ 강동구청장은 시급성을 인지하고 문제를 해결하기 위해 적극적인 자세를 취해야 할 것이다. 3선에 성공한 박○○ 서울시장 또한 사업 추진에 갈등을 빚고 있는 지역에 책임감 있는 태도로 협조를 약속해야 할 것이다. 서울시와 강동구가 위에 제시한 3가지 방안들을 통해 하루빨리 청년 주택 건설 갈등을 원만하게 해결하여 청년들의 주거난을 풀 수 있길 바란다.

(학생의 보고서를 재구성)

5. 연습 문제

이번 학기에 제출해야 하는 보고서 1편을 선정하여 작성해보자.

과목명	
보고서 주제	
보고서 작성 시 요구 사항	

6. 보고서의 조언지

세부사항			수준 점검
구분		내용	아주 잘됨 잘됨 보통 잘못됨 아주 잘못됨
내용		1. 목적과 주제가 나타나 있는가?	5·······4·······3·······2·······1
		2. 보고서에 필요한 사항들이 제시되었는가?	5·······4·······3·······2·······1
		3. 조사 내용과 결과가 구체적으로 나타났는가?	5·······4·······3·······2·······1
형식	글	1. 각 항목의 구분이 잘 돼 있는가?	5·······4·······3·······2·······1
	문단	1. 문단 나누기가 잘 되었는가?	5·······4·······3·······2·······1
		2. 문단 간의 연결이 논리적인가?	5·······4·······3·······2·······1
	문장	1. 문장 간의 연결이 논리적인가?	5·······4·······3·······2·······1
		2. 문장을 연결하는 표현이 잘 쓰였는가?	5·······4·······3·······2·······1
표현	문장	1. 문장의 길이는 적당한가?	5·······4·······3·······2·······1
		2. 문법적으로 맞는 문장을 썼는가?	5·······4·······3·······2·······1
		3. 문장의 호응이 잘 이루어졌는가?	5·······4·······3·······2·······1
	어휘	1. 사용된 어휘와 어구 표현이 문맥에 적절한가?	5·······4·······3·······2·······1
		2. 다양한 어휘와 어구 표현을 사용하였는가?	5·······4·······3·······2·······1
		3. 불필요한 내용의 반복이 없이 잘 썼는가?	5·······4·······3·······2·······1

06

Chapter

독서감상문

학습목표

1. 독서감상문을 올바르게 이해한다.
2. 독서감상문 쓰기를 연습해 본다.

독서감상문은 책이 지니고 있는 가치나 의의를 평가하는 글이다. 이때 감상문에는 작가 소개, 시대 상황과 작품의 배경 해설, 줄거리 요약, 책에 대한 평가 등이 요구된다.

1. 독서감상문 작성하기

1) 먼저 책의 내용을 정확하게 이해한다. 이때 인용할 부분은 메모하고, 작가나 인물에 대한 정보, 책이 출간된 시기와 시대 상황을 기록해 둔다.
2) 독서감상문에는 작가 소개나 줄거리가 서술되어야 하지만, 책의 내용을 이해하는 데에 있어 꼭 필요한 핵심 정보만 작성하도록 한다.
3) 독서감상문은 도입-전개-마무리의 구성으로 다음의 내용을 서술한다.

구성	내용
도입	책의 배경, 작가 소개, 문제 삼는 내용, 핵심 주장, 책에 대한 첫인상과 책을 읽게 된 동기, 앞으로의 전개 방향과 내용 예고
전개	책의 내용 요약, 책에 대한 평가
마무리	책의 사회 문화적 맥락 적용 및 가치 평가, 전개 내용 요약과 정리, 책의 성과와 한계

4) 마지막으로 독서감상문의 핵심 내용을 대표할 수 있도록 글 제목을 작성한다.

2. 독서감상문의 실제

군주를 위한 국가, 국가를 위한 군주

사람은 태어나는 순간 여러 '사회'에 소속된다. 가정에서부터 학교, 회사에 이르기까지 나를 비롯한 모든 사람들은 일생 동안 수많은 사회를 거치기 마련이다. 그리고 이 사회들을 거치며 인간은 하나의 온전한 주체로 성장하게 된다. 나는 이 과정이 현존하는 인류에게도 동일하게 적용된다고 생각했으며, 이에 대한 고찰을 위해 『군주론』을 선택하게 되었다. 앞서 언급한 주체들은 일정한 영토를 가진 국가 아래서 살아가며, 국가의 보호 아래 그 구성원으로서 모두가 동일한 권리를 행사한다. 때문에 '국가', 즉 나라라 함은 우리의 삶에 있어 매우 중요한 요소임이 분명하다. 그렇다면 이토록 가치로운 존재를 다스리는 리더, '군주'는 어떤 사람이어야 할까?

이에 대해 마키아벨리는 본문에서 다음과 같이 말한다. "나라를 지키려면 때로는 배신도 해야 하고 때로는 잔인해져야 한다. …할 수 있다면 착해져라. 하지만 필요할 때는 주저 없이 사악해져라."

그는 공직에서 퇴출된 후 다시 자리를 얻기 위해 당시 군주였던 로렌초 메디치에게 바치는 『군주론』을 집필했다. 이 내용에서 유추할 수 있듯, 『군주론』의 집필 목적은 지극히 사사로운 데 있었다. 공직을 원하는 사람이 국가를 전혀 위하지 않았다는 것이다. 나는 이러한 점에서 마키아벨리의 의견에 동조할 수 없으며, 본문에서는 '나'가 아닌 '우리'를 먼저 생각하는 군주(이하 지도자)의 모습을 중심으로 글을 채워가고자 한다.

군주는 마땅히 국가를 위해야 한다. 그리고 그 목적은 반드시 순수해야 한다. 그것이 군주가 존재하는 이유다. 군주가 국가를 섬기지 않고 자기 주의적 행동을 일삼는다면 그 공동체는 곧 무너지게 된다. 가장 대표적인 예로는 남미 최대 산유국이던 '베네수엘라'를 들 수 있다. 우고 차베스가 대통령이 된 1999년, 베네수엘라의 석유 가격은 배럴당 100달러에 이를 정도로 고가였다. 지하에 묻혀 있는 석유만 잘 팔아도 정부에 돈이 넘쳐날 정도로 부를 누리던 이 나라의 경제는 2014년 시작된 자원의 저주로 인해 내리막길을 걷기 시작한다. 전 세계적으로 셰일가스 채굴이 활발해지고, 석유 가격이 큰 하락세를 띄면서 돈이 부족해지기 시작했다. 어떤 요소가 부족해지면 그것을 아껴야 함이 일반적인 상식이나, 차베스의 뒤를 이어 당선된 니콜라스 마두로는 화폐를 더 찍어댔다. 또한 자신의 지지율을 더욱 높이기 위해 내세우기식의 복지 정책을 선전하며 비어 가는 나랏 간은 나몰라 했다.

마치 소 잃고 외양간을 고치는 모습과 같다고 할 수 있는데, 그 결과는 매우 처참했다. 마두로 재임 1년 만에 물가가 10배나 상승한 것이다. 갑작스레 오른 물가에 적응할 수 없었던 국민들은 이전의 생활과 다른 처참함에 절망할 뿐이었다. 안타깝지만 베네수엘라의 현재는 이와 다를 게 없다. 지도자가 변화하지 못했기 때문이다. 오히려 마두로는 "내 정책은 성공했다. 국민을 위한 조치다."라며 스스로를 정당화하기 바쁜 모습만을 보여주면서, 국민들의 거듭된 요구에도 대통령직을 사임하지 않고 있다. 이 모습이 과연 진정한 군주의 모습이라 할 수 있을까? 자신의 정책을 정당화하기 위해 악을 행하고 있는 그의 모습이 과연 마키아벨리가 바라던 '리더'의 자질에 합당한 것일까? 나는 마두로의 이러한 태도가 마키아벨리의 사상과 상당 부분 일치한다고 생각한다. 저자는 본문에서 군주의 자질에 대해 반복적으로 다음과 같이 주장하고 있다. "지위를 유지하는 데 있어서 군주는 악을 행할 줄 알아야 한다."

하지만, 그의 주장처럼 악(惡)이 반드시 옳은 결과만을 초래하는 것은 아니다. 오히려 베네수엘라와 같은 최악의 상황을 만들어내는 기폭제(起爆劑)로 작용할 수도 있다. 이러한 내용으로 보아, 악이라 함은 지도자의 지위를 유지함에 있어 필수적인 것은 아니다. 그러나 지도자가 그 방향성과 목적을 어디에 두는가에 따라 나라를 전혀 다른 방향으로 이끌 수 있게 된다는 점은 분명하다. 마키아벨리가 이 점을 간과했다는 것은 내게 큰 아쉬움으로 남는다. 결론적으로 나는 국가의 발전과 쇠퇴에 있어서 군주의 역할이 가장 중요하게 작용한다고 본다. 물론 국가라는 공동체에 관여하는 요인은 비단 지도자만은 아닐 것이다. 군주 옆에 국민, 이웃 국가 등 다양한 존재들이 늘 기다리고 있음은 분명한 사실이다. 하지만 진정한 지도자라면 복잡한 이해관계 속에서 최우선적으로 국가와 국민을 생각해야 할 것이다. 제2의 베네수엘라가 탄생하지 않으려면 말이다.

세상의 변화는 마치 정글과 같기에 지도자는 때마다 다른 변신을 꾀해야 한다. 그렇잖으면 정글이라는 현실을 극복하기도 힘겨울뿐더러 생존 역시 불가능하다. 여러 관계가 얽히고설킨 현실 속에서 지도자의 역할은 보다 중요하며, 그 역할을 충실히 하는 것만이 험난한 세상을 극복할 수 있는 유일무이한 방법이다. 나는 우리나라의 지도자들이 항상 국가와 국민을 염두에 두고 행동하는 사람이기를, 타국과의 외교 관계에서도 눈치를 보지 않고 당당히 우리의 권리를 주장할 수 있는 그런 자이기를 바란다.

(학생의 독서감상문을 재구성)

3. 연습 문제

1) 한 편의 독서감상문을 작성해 보자.

책이름/저자명	
글 제목	
도입	

전개	

마무리	

4. 독서감상문의 조언지

세부사항			수준 점검
구분		내용	아주 잘됨 잘됨 보통 잘못됨 아주 잘못됨
내용	도입	1. 도입이 흥미로운가?	5·······4·······3·······2·······1
		2. 도입에서 요구되는 내용(책의 배경, 작가 소개, 문제 삼는 내용, 핵심 주장, 책에 대한 첫인상과 책을 읽게 된 동기, 앞으로의 전개 방향과 내용 예고)이 잘 제시되었는가?	5·······4·······3·······2·······1
	전개	1. 작품의 내용을 제시하였는가?	5·······4·······3·······2·······1
		2. 작품에 대한 평가를 구체적으로 제시하였는가?	5·······4·······3·······2·······1
		3. 내용과 평가의 관계는 긴밀한가?	5·······4·······3·······2·······1
	마무리	1. 마무리에서 요구하는 내용(책의 사회 문화적 맥락 적용 및 가치 평가, 전개 내용 요약과 정리, 책의 성과와 한계)이 잘 제시되었는가?	5·······4·······3·······2·······1
형식	글	1. 도입-전개-마무리를 구분하여 썼는가?	5·······4·······3·······2·······1
	문단	1. 문단 나누기가 잘 되었는가?	5·······4·······3·······2·······1
		2. 문단 간의 연결이 논리적인가?	5·······4·······3·······2·······1
	문장	1. 문장 간의 연결이 논리적인가?	5·······4·······3·······2·······1
		2. 접속어 등 문장을 연결하는 표현이 잘 쓰였는가?	5·······4·······3·······2·······1

표현	문장	1. 문장의 길이는 적당한가?	5·······4·······3·······2·······1
		2. 문법적으로 맞는 문장을 썼는가?	5·······4·······3·······2·······1
		3. 문장의 호응이 잘 이루어졌는가?	5·······4·······3·······2·······1
	어휘 표현	1. 사용된 어휘와 표현이 문맥에 적절한가?	5·······4·······3·······2·······1
		2. 다양한 어휘와 표현을 사용하였는가?	5·······4·······3·······2·······1

07
Chapter

답사 기행문

학습목표

1. 답사 기행문을 이해한다.
2. 실제 기행문을 작성해 본다.

답사 기행문은 유적지나 명승지 등 답사 대상이 있는 현장에 가서 살펴본 내용을 '여정, 견문, 감상'이 드러나도록 작성한 기록문이다. 이러한 답사 기행문은 일상에 지친 우리에게 문화유산을 되돌아보고 역사적 흔적과의 상상적 대화를 통해 자기를 성찰하고 재도약의 계기를 마련해 준다. 다시 말해 답사지의 역사적 의미와 삶의 흔적을 돌아봄으로써 우리의 내면을 더 두텁게 해 준다.

답사 기행문은 크게 1) 서사문 형식의 답사 기행문 2) 일기 형식의 답사 기행문 3) 편지 형식의 답사 기행문 4) 시 형식의 답사 기행문 5) 에세이 형식의 답사 기행문으로 나눌 수 있다.

서사문 형식의 답사 기행문은 답사하기 전부터 답사 과정, 답사가 끝난 후까지

차례대로 보고 듣고 느낀 점을 쓴 글이다. 이때 느낌보다는 보고 들은 일이 중심이 되는 글이다. **일기 형식의 답사 기행문**은 여러 날을 답사할 경우, 그날그날 일기 형식으로 작성하여 보고 들은 경험이나 느낌을 자세하고 생생하게 작성하는 글이다. **편지 형식의 답사 기행문**은 편지 형식을 갖추어 직접 말하듯이 자기감정을 쏟아 내어 쓰기 때문에 느낌과 생각을 더욱 생생하고 풍성하게 살려 낼 수 있는 글이다. **시 형식의 답사 기행문**은 짧은 글 속에 답사의 내용은 물론 순간의 느낌과 생각을 감동 있게 표현하는 글이다. **에세이 형식의 답사 기행문**은 가장 많이 쓰는 체험적 답사기로 처음-중간-끝을 기본 구성으로 하며 그 내용은 다음과 같다.

1. 에세이 형식의 답사 기행문

구성	내용
처음	답사 동기나 목적 답사 경로나 답사지에 대한 기대감 답사지에 대한 지적 욕구나 사적 호기심
중간	출발지의 날씨, 시간, 교통 등 여정 중 견문한 내용에서 인상적인 부분 답사지에 도착한 감상 유적이나 유물에 관련된 이야기 새롭게 알게 된 사실
끝	답사 후 감상 답사지에서 만난 유형·무형 유산과의 상상적 대화 답사지의 경험이 제공한 새로움

그렇다면 답사 기행문을 잘 쓰기 위해서는 어떻게 해야 하는가? 먼저 답사 지역과 대상이 선정되면 더 유익하고 맛깔스러운 기행문을 구성하기 위해 해당 지역의 자연, 역사, 인문지리에 대한 정보를 충분히 준비해야 한다. 물론 사전 조사가 잘 되었더라도 이를 바탕으로 현장에서 눈으로 보고 가슴으로 느끼는 것을 기록하고 한걸음 나아가 답사지에 대한 성찰적 자기 인식까지 작성되어야 좋은 답사 기행문을 완성할 수 있다. 이때 완성도 높은 답사 기행문을 쓰기 위해 다음의 내용을 참고하면 좋다.

2. 좋은 답사 기행문 쓰기

1) 제목을 쓴다.
2) 언제, 어디로, 누구와 갔나, 답사 목적을 작성한다.
3) 답사를 떠나게 된 동기를 쓴다.
4) 답사지에 대한 상상과 기대감을 나타낸다.
5) 출발할 때의 상황도 작성한다.
6) 답사 가는 길의 모습과 기분을 표현한다.
7) 여정이 잘 드러나게 쓴다.
8) 답사지의 첫인상도 작성한다.
9) 여정에 따라 보고 들은 일과 겪은 일을 쓴다.
10) 새롭게 보고 들은 점이나 인상 깊었던 점, 느끼고 생각한 점을 강조한다.
11) 답사지에서 보고 듣고 느낀 점을 자신의 생활과 관련해서 쓰기도 한다.

12) 여러 가지 사실에 대한 고증을 충실하게 작성한다.

13) 답사지에서 돌아올 때의 상황, 기분이나 느낌과 생각을 쓴다.

14) 글의 끝에 답사 동안의 느낌과 생각, 앞으로의 희망이나 바람을 정리해서 쓰기도 한다.

물론 공식을 따르듯 위의 내용이 반드시 들어가야 하는 것은 아니다. 어떤 부분은 빼거나, 줄이거나, 더 강조할 수 있다. 그러나 **자신의 개성이 드러나도록 글을 쓰면서 답사 기행문의 기본 요소인 여정, 견문, 감상이 나타나도록 작성해야 함은 명심하자.**

3. 연습 문제

답사 기행문의 특성인 '여정, 견문, 감상'이 잘 드러나도록 한 편의 기행문을 작성해보자.

글 제목	

08
Chapter

자기소개서

학습목표

1. 취업 준비 자기소개서를 이해한다.
2. 취업 준비 자기소개서를 작성해 본다.

자기소개서는 본인이 희망하는 기업이나 회사에 자신을 소개해서 채용하도록 설득하는 글이다. 따라서 지원하는 곳의 인사담당자가 지원자의 능력이나 자질을 충분히 알 수 있도록 작성해야 한다. 기업마다 차이는 있으나, 공통적으로 성장과정, 성격의 장단점/강점 및 약점, 학창 시절, 지원 동기 및 입사 후 포부의 항목으로 구성된다.

1. 취업 준비 자기소개서의 이해

1) 성장과정

기업의 인재상과 직무 분야의 특성을 고려하여 작성한다. 이때 위기를 기회로 바꾼 경험이나 성공 혹은 실패 사례를 활용하여 서술하면 좋다. 또한 인상 깊은 경험이나 학업 이외의 성취 경험, 팀원 활동 경험을 작성해도 좋다.

출제 문항 예시
▶ 성장과정 중 가치관 및 성격 형성에 중요한 영향을 준 사람은? ▶ 본인의 가치관을 정립하게 된 성장과정을 설명하고 회사에 기여할 점을 작성하시오. ▶ 성장과정을 기술하시오.

2) 성격의 장단점/강점 및 약점

직무 분야의 특성에 부합하는 성격을 구체적인 경험을 중심으로 제시한다. 이때 성격의 장점을 활용하여 문제를 해결했던 경험을 작성해도 유용하다. 또한 입사 후 성격의 장점을 활용할 방안과 단점을 보완할 방안도 서술한다. 더불어 생활신조, 삶의 목표 가치관이나 인생관도 작성하면 유용하다.

출제 문항 예시
▶ 조직 내 혹은 타인과 소통하는 과정에서 본인의 장단점을 작성하시오. ▶ 본인의 장단점 및 구체적인 사례를 서술하시오.

▶ 본인의 가장 큰 장점과 단점은 무엇인가?
▶ 자신의 장단점과 단점을 극복하기 위해 노력한 경험은?
▶ 본인의 장단점과 입사 후 장점은 어떻게 활용되고, 단점은 어떻게 보완할 수 있는지 작성하시오.

성격의 장단점
분별력이 있는, 호기심이 강한, 책임감이 강한, 상황 파악이 빠른, 진지한, 느긋한, 붙임성이 있는 감수성이 강한, 자발적인, 공정한, 편견이 없는, 강인한, 결단력이 있는, 동정심이 있는, 솔직한, 재치 있는, 활동적인, 예의 바른, 정확한, 유머 감각이 있는, 융통성이 있는, 독립심이 있는, 모험심이 있는, 개성이 강한, 상냥한, 부지런한, 의욕적인, 논리적인, 꼼꼼한, 예술적인, 절도가 있는, 관대한, 겸손한, 계획성이 있는, 꾸밈없는, 침착한, 낙천적인, 신중한, 주의 깊은, 사교적인, 양심적인, 인내심이 있는, 성실한, 합리적인, 독창적인…
보유 능력
시간 약속 지키기, 주변 환경 꾸미기, 컴퓨터 활용 능력, 리더십이 있음, 요리하기, 타인과 협력하는 것, 기계를 조립하는 것, 정리 정돈을 잘함, 운전하는 것, 탐험의 지식이 많음, 전자제품 수리하는 것, 모임에서 사회 보기, 의류 수선하는 것, 게임 진행하기, 조언이나 상담하기, 옷 고르는 것, 대인 갈등의 조정하기, 정보 검색하기, 협상 능력이 있음, 컴퓨터 게임하기, 아기 돌보기, 스포츠 하는 것, 비평 및 논평하기, 패션 감각이 있음, 여행정보가 많은 편임, 요약하기, 발표하기, 논리적으로 글쓰기, 타인을 설득하기, 번역하기, 다른 사람 장점 배우기, 외국어 회화를 잘함, 계획 세우기, 실천하기, 재미있는 이야기하기, 친구 만들기, 스트레스 제어하기, 예산 편성을 잘함, 돈 계산하기, 각종 조사를 잘함, 생활용품 발명, 공부 가르치기, 상품 판매하기, 암기 및 기억하기, 기록 및 정리하기, 계산 빨리하기, 그림 그리기, 환자 간호하기, 남을 도와주기 등

3) 학창 시절

대학에서 전공지식을 습득한 과정이나 내용, 자격증 및 스펙, 교내외 활동, 동아리 활동, 봉사활동, 해외 연수 경험을 서술한다. 또한 업무 수행에 필요한 점을 본인의 전문성을 중심으로 작성한다.

출제 문항 예시
▶ 본인의 단체 활동을 시작하게 된 계기와 성과를 작성하시오.
▶ 학업 이외에 다양한 경험 중 가장 기억에 남는 것을 기술하시오.
▶ 타인을 위해 본인이 배려하거나 봉사한 경험에 대해 서술하시오.
▶ 동아리, 인턴, 해외연수 등 본인의 사회 경험에 대해 서술하시오.
▶ 지원 분야와 관련된 교육, 실습, 인턴십 등 경험을 작성하시오.

4) 지원 동기 및 입사 후 포부

희망 직무 분야 및 지원 회사를 선택한 동기를 작성한다. 이때 입사를 위해 필요한 지식과 본인의 경험 준비 과정을 서술한다. 또한 회사가 필요로 하는 역량을 갖춘 인재라는 점을 강조한다. 더불어 입사 후 회사에 어떻게 기여할 수 있는지를 구체적으로 작성하고 회사에 대한 지원자의 바람도 작성한다.

출제 문항 예시
▶ 우리 회사에 지원한 동기와 어떤 공헌을 할 수 있는가?
▶ 회사를 어떻게 알게 됐으며 기여할 수 있는 점은 무엇인가?
▶ 본사에 관심을 갖게 된 계기와 지원 이유를 작성하시오.
▶ 회사에 지원한 이유를 본인 경험을 바탕으로 기술하시오.
▶ 당사에 입사한 후, 본인이 이루고자 하는 목표는?
▶ 우리 회사 입사 이유와 어떤 공헌을 할 수 있는가?
▶ 입사 후 본인이 상상하는 조직과 일의 모습에 대해 기술하시오.
▶ 입사 후 10년 동안의 회사 생활 시나리오와 그것을 추구하는 이유를 작성하시오.
▶ 회사를 선택하는 기준과 본 회사가 그 기준에 부합하는 이유는?

2. 스토리 발견 시트

대외활동	소재
봉사활동	
어학연수	
해외 경험	
공모전 참가	
아르바이트	
인턴 활동	
자격증/교육 이수	
기타	
성장과정 및 가치	소재
인생의 터닝 포인트	
부모님의 가르침	
성장 배경	
가치관과 관련 경험	
취미 및 동호회 활동	
자신의 좋은 습관	
여행 경험	
대학생활	소재
프로젝트 경험	
기억에 남는 전공 수업	
연구 활동	
교내외 동아리 활동	
학과 및 학생회 활동	

3. 기업 분석 및 정보 참고하기

1) 회사의 설립자는 누구이고, 어떤 역사를 가졌는가?

2) 회사는 무엇을 하는 곳인가?

3) 회사의 주요 제품은?

4) 회사에서 원하는 역량은 무엇인가?

5) 회사의 규모 및 경영 실적은?

6) 회사의 장 · 단점은?

7) 회사의 보수와 승진제도는?

8) 자사, 경쟁사, 고객 상황의 이해: 3C(Company, Competitor, Customer)

9) 업계 동향 및 전망

10) 업계 주요 이슈

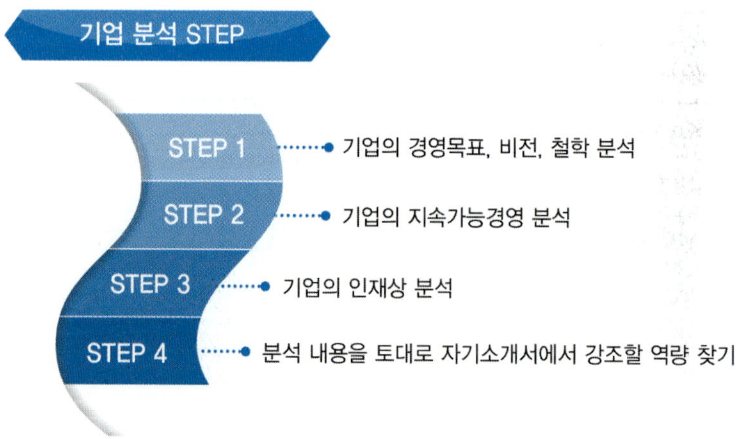

각 기업의 대표 사이트	
각 기업의 채용 사이트	
각종 기업 관련 인터넷 뉴스	
공공기관 경영정보 공개 시스템 알리오	www.alio.go.kr
전국경제인연합회	www.fki.or.kr
금융감독원 전자공시시스템	http://dart.fss.or.kr

4. 자기소개서 작성 시 유의사항

1) 도입부를 인상적으로 작성한다.

2) 두괄식 구성으로 작성한다.

3) 에피소드나 경험을 구체적으로 작성한다.(ABA' 원칙, 2W1H 원칙 활용하기)

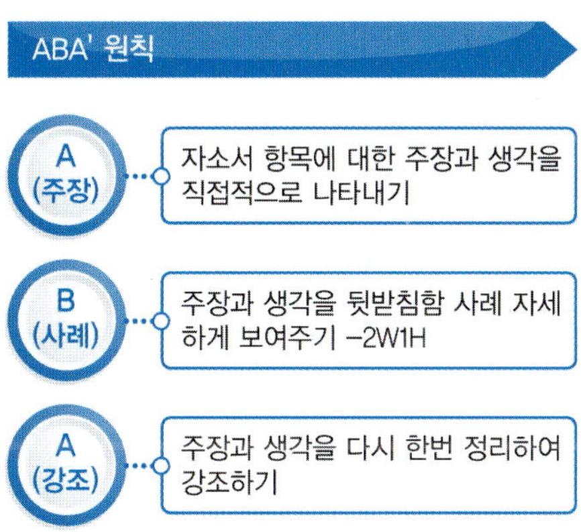

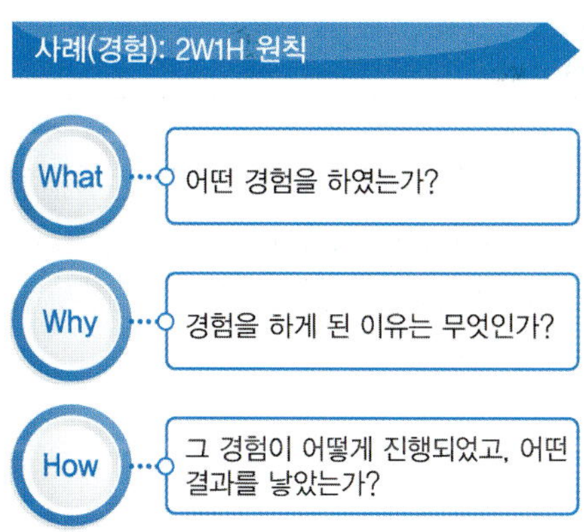

4) 지원 분야의 직무능력을 일관성 있게 서술한다.

5) 광고 카피와 같은 소제목을 항목별로 작성한다.

5. 취업 준비 자기소개서의 실제와 피드백

1. 공동의 목표를 위해 협업하는 과정에서 소통의 부재로 인해 어려움을 겪었던 경험이 있습니까? 당시 상황을 기술하고, 어려움을 어떻게 극복했는지를 자세하게 행동 중심으로 기술해 주시기 바랍니다.

(초고) a)청년봉사단 총괄위원장 활동 당시 봉사단 구성원 간에 봉사단이 임하는 목적에 대한 소통이 미비했습니다.(원활하지 않았습니다.) b)순수한 봉사의지를 가진 구성원이 있는 반면 스펙 쌓기에 치중된 대외활동 이력에만 관심을 둔 구성원들(도 있었습니다.)// 사이에서(둘 사이에는) 일치된 목적이 없었기에 활동의 횟수나 참여가 저조했습니다. c)저마다 원하는 방식의 봉사활동이 달랐기에 회의를 통하여 봉사단 내에서 ①정기 봉사팀과 일일 봉사팀을 분할하여(나누어) 각 팀의 리더를 선발하고// ②각자의 취지에 맞는(팀별로) 활동방안을 마련함과(마련하였습니다.)// 동시에 봉사활동의 순수성과 의의를 재 각인시켜 ③합의된 공동의 목표를 공고히 하였습니다(도출하였습니다.) d)또한 봉사단 활동사항에 있어 보완점과 성과를 주제로 하는 정기 회의를 개최토록 함으로서 구성원간의 소통의 장을 제공하여 ④방향성과 활동방법을 매회 수정(·)보완해나가며(나갔습니다. 그 결과)//15명으로 시작했던 봉사단이 해를 거듭할수록 발전하여 현재에 이르러서는 자문위원을 포함한 운영위원이 16명, 봉사단 등록 회원이 135명까지 증원되어 지역의 우수한 봉사단으로 거듭날 수 있었습니다.

(수정글) 소통의 힘은 소통하려는 마음으로부터

청년봉사단 총괄위원장으로 활동하던 당시 봉사단 구성원 간에 봉사단에 참여하는 목적에 대해 소통이 원활하지 않았습니다. 순수한 봉사 의지를 가진 구성원이 있는 반면 스펙 쌓기에만 관심을 둔 구성원들도 있었습니다. 둘 사이에는 일치된 목적이 없었기에 활동의 횟수나 참여가 저조했습니다. 저마다 원하는 방식의 봉사활동이 달랐기에 회의를 통하여 봉사단 내에서 정기 봉사팀과 일일 봉사팀으로 나누어 각 팀의 리더를 선발하고 각자의 취지에 맞는 팀별로 활동 방안을 마련하였습니다. 동시에 봉사활동의 순수성과 의의를 각인시켜 합의된 공동의 목표를 세웠습니다. 또한 봉사단 활동사항에 있어 보완점과 성과를 주제로 하는 정기 회의를 개최하였습니다. 이러한 구성원 간의 소통의 장을 통해 봉사활동의 방향성과 활동 방안을 매회 수정 · 보완해 나갔습니다. 그 결과 15명으로 시작했던 봉사단이 해를 거듭할수록 발전하여 현재에는 자문 위원을 포함한 운영위원이 16명, 봉사단 등록 회원이 135명까지 증원되어 지역의 우수한 봉사단으로 거듭나 활발히 활동하고 있습니다.

2. 조직이 처한 상황이나 당면하고 있는 문제를 정확히 이해하고 이를 해결하기 위해 노력했던 경험이 있습니까? 당시 상황을 기술하고 어떤 노력을 기울였는지 자세하게 행동 중심으로 기술해 주시기 바랍니다.

(초고) a)가끔(불필요한 서술) 타 지역으로 학교 스쿨버스를 이용해 통학하던 당시 스쿨버스 시스템이 비효율적임을 알게 되었습니다. b)버스 기사들은 스쿨버스 존에 부착된 표지판 순번대로 서지 않아// 매일 통학하는 대부분의 학생들은 관행에 길들여져서인지 1번 표지판에 2번 지역의 학생들이 줄을 서고 2번 표지판에 1번 지역의 학생들이 줄을 섰습니다. c)버스가 도착하면(불필요한 서술) 저처럼 가끔 (스쿨버스를) 이용하는 학생들은 서있던 표지판과 다른 (도착지의) 버스가 서는 것을 보고 당황하여// 순식간에 두 줄로 따로(불필요한 서술) 나누어 섰던 줄은 뒤섞여 위험과 함께 혼란을 야기했습니다. d)또한 제한된 좌석으로 인해 (학생들이) 버스를 타지 못하는

상황이 발생되고 있었습니다.(하였습니다.) e)이를 바로잡고자 3일간의 관찰을 하게 되었습니다. f)먼저 ①교내 스쿨버스존 표지판에 제시된 코스가 현재 변경되어 운행되고 있는 코스와는 상이한 코스를 나타내고 있어 혼선을 빚고 있다는 점을 발견하여(문제점을 찾기 위해 3일 동안 관찰한 결과 스쿨버스존 표지판에 부착된 노선이 현재 운행되고 있는 노선과 달라 혼선을 빚고 있다는 것을 발견했습니다.)// ②(코스)표지판 사진촬영(불필요한 서술)과 스쿨버스 탑승시의 영상을 촬영해// 학생복지팀에 전달해 ③코스표지판 수정을 요구하고 ④표지판 순서에 맞는 버스 배차를 조정토록(불필요한 서술) 건의를 드리고(하고)// ⑤학생들에게도 올바른 질서 의식을 권고하는 게시물(글)을 학교 자유게시판에 게시하여 학교 스쿨버스 시스템을 바로잡았습니다.

(수정글) 작은 관심으로 시작된 큰 변화

타 지역에서 학교 스쿨버스를 이용해 통학하던 당시 스쿨버스 시스템이 비효율적임을 알게 되었습니다. 버스 기사들은 스쿨버스 존에 부착된 표지판 순번대로 버스를 서지 않았습니다. 매일 통학하는 대부분의 학생들은 관행에 길들여져서인지 1번 표지판에 2번 지역의 학생들이 줄을 서고 2번 표지판에 1번 지역의 학생들이 줄을 섰습니다. 저처럼 가끔 스쿨버스를 이용하는 학생들은 서있던 표지판과 다른 도착지의 버스가 서는 것을 보고 당황하였습니다. 순식간에 두 줄로 나누어 섰던 줄은 뒤섞여 위험과 함께 혼란을 야기했습니다. 또한 제한된 좌석으로 인해 학생들이 버스를 타지 못하는 상황이 발생하였습니다.

저는 문제점을 찾아 해결하기 위해 3일 동안 스쿨버스 탑승 상황을 관찰하였습니다. 그 결과 스쿨버스 존 표지판에 부착된 노선이 현재 운행되고 있는 노선과 달라 혼선을 빚고 있다는 것을 발견했습니다. 먼저 코스 표지판 사진과 스쿨버스 탑승 시의 영상을 촬영했습니다. 이를 학생복지팀에 전달해 코스 표지판 수정을 요구하고 표지판 순서에 맞는 버스 배차를 건의했습니다. 또한 학생들에게도 학교 게시판에 올바른 질서 의식을 권고하는 글을 올려 논의하였습니다. 그 결과 학교 스쿨버스 시스템을 바로잡았으며, 학교 관계자분과 주위 친구들로부터 많은 칭찬을 들었습니다.

3. 학교나 사회에서 어떤 일(학업, 팀 프로젝트, 인턴활동 등)을 하면서 한정된 시간, 정보, 사람에도 불구하고 이를 이겨내고 주어진 업무나 과제를 성공적으로 마친 경험이 있습니까? 당시 상황을 기술하고, 어떤 방식으로 한정된 자원을 관리해 나갔는지 자세하게 행동 중심으로 기술해 주시기 바랍니다.

(초고) a)총학생회장 선거운동 당시 선거운동본부 참모장으로 활동하며// 운동본부마다 50명으로 제한된 선거운동원들과 2주라는 선거 운동 기간 동안// 선거운동본부 마련에서부터 선거 홍보물 제작, 단체 매스게임, 후보자 연설에 이르기까지 많은 것을 한정된 금액과 규정에 어긋나지 않은 방법으로 선거운동을 해야 했습니다.(선거운동 인원-선거운동 비용-선거기간의 순서로 서술) b)선거운동원 50명 모두의 전공과 특기 및 취미를 조사하여// 선거운동에 필요한 제작 활동이나 여러 가지 활동에 적합하게 운동원들을 배치하여 로테이션 방식으로 임무를 할당했습니다. c)선거법에 규정된 금액 내에서 식대와 홍보물 제작 및 여타 경비사용에 있어 예산을 주로 선거홍보에 중점을 두어// 운동원들의 합의를 이끌어내어 식사부분을 간소하게 잡고 구성원 모두의 브레인스토밍을 활용하여 초대형 홍보 포스터 제작과 홍보 컬러 선정, 안무 제작, 해당 선거운동본부를 상징하는 우체통 제작, 공약을 내세우기위한 15초짜리 홍보 영상 제작 등에 예산을 사용하여// 유권자들의 지지를 얻어 당선되었습니다.(2주간의 한정된 시간을 구체적으로 어떻게 나누어 활용했는지도 서술되면 좋음)

(수정글) 의기투합, 청춘의 이름으로 함께한 선거운동

총학생회장 선거운동 본부 참모장으로 활동하였습니다. 50명으로 제한된 선거운동원, 한정된 선거운동 비용, 2주라는 짧은 선거운동 기간 등 선거운동원 영입에서부터 선거운동 본부 마련, 홍보물 제작, 단체 군무 연습까지 많은 것을 선거법을 준수하며 선거운동을 치러 내야 했습니다. 먼저 선거운동원 전원의 전공과 특기 및 취미를 조사하여 각 활동에 적합한 운동원을 배치하였습니다. 또한 이들에게 로테이션 방식으로

임무를 할당했습니다. 한정된 예산 사용에 있어서는 예산을 주로 홍보에 중점을 두는 것으로 운동원들과 합의를 이끌어냈습니다. 식대 지출과 기타 경비를 간소히 하기로 마음을 모은 것입니다. 선거 홍보는 구성원 모두의 브레인스토밍을 활용한 아이디어 회의를 통해 이루어졌습니다. 초대형 홍보물 포스터 제작, 선거 홍보 컬러 선정, 군무 제작, 선거운동 본부를 상징하는 대형 우체통 제작, 공약을 돋보이게 만들 홍보영상 제작 등 어느 하나 놓치지 않았습니다. 그 결과 유권자들의 지지를 얻어 해당 선거운동 본부의 후보자가 총학생회장에 당선되었습니다.

(학생의 자기소개서를 재구성)

6. 연습 문제

현재 시점이나 대학을 졸업할 시점에 맞추어 취업 자기소개서를 작성해보자.

1) 성장과정(300-500자)

2) 성격의 장단점/강점 및 약점(300-500자)

3) 학창시절(300-500자)

4) 지원동기 및 입사 후 포부(300–500자)

7. 취업 자기소개서의 조언지

세부사항			수준 점검
구분		내용	아주 잘됨 잘됨 보통 잘못됨 아주 잘못됨
내용	목적	1. 자기소개서의 목적을 잘 인식하고 썼는가?	5·······4·······3·······2·······1
	독자	1. 예상 독자(면접관)를 충분히 고려하여 썼는가?	5·······4·······3·······2·······1
	세부 내용	1. 요구하는 형식과 내용에 따라 충실하게 구성되었는가?	5·······4·······3·······2·······1
형식	글	1. 세부 내용을 구분하여 썼는가?	5·······4·······3·······2·······1
	문단	1. 문단 나누기가 잘 되었는가?	5·······4·······3·······2·······1
		2. 문단 간의 연결이 논리적인가?	5·······4·······3·······2·······1
	문장	1. 문장 간의 연결이 논리적인가?	5·······4·······3·······2·······1
		2. 접속어 등 문장을 연결하는 표현이 잘 쓰였는가?	5·······4·······3·······2·······1
표현	문장	1. 문장의 길이는 적당한가?	5·······4·······3·······2·······1
		2. 문법적으로 맞는 문장을 썼는가?	5·······4·······3·······2·······1
		3. 문장의 호응이 잘 이루어졌는가?	5·······4·······3·······2·······1
	어휘 표현	1. 사용된 어휘와 어구 표현이 문맥에 적절한가?	5·······4·······3·······2·······1
		2. 다양한 어휘와 어구 표현을 사용하였는가?	5·······4·······3·······2·······1

09
Chapter

토론

학습목표

1. 토론을 이해하고 연습한다.
2. 독서토론을 이해하고 실습해 본다.

토론이란 어떤 문제나 서로 다른 의견에 대해 정해진 규칙과 그 문제에 대한 논거를 통해 자신의 생각이 옳음을 논리적으로 펼쳐 나가는 일이다. 토론은 주어진 현안에 대한 해결책을 논의하는 토의와 구별된다. 토의의 목적은 자신의 의견을 개진하여 최선의 문제 해결안을 함께 찾는 것이다. 반면 토론의 목적은 자기주장의 옳음을 상대방에게 인정하도록 설득하는 것이다. 이러한 토론은 우리에게 비판적 사고력을 함양하고 의사소통 능력을 길러준다. 또한 지식을 통합하는 방법을 함양하고 민주적 의사 결정 과정과 절차를 존중하는 소양을 길러준다. 더불어 토론을 통해 공동체에 대한 이해와 관심을 넓히게 되는 효과도 있다.

1. 토론의 논제

논제는 토론에서 해결해야 할 문제나 대상, 즉 토론의 목적인 주제가 잘 드러나도록 작성한 것으로 사실 논제, 가치 논제, 정책 논제로 나눌 수 있다. 이때 논제는 출처가 명확하고 신뢰성 있는 논거가 뒷받침되어야 한다.

1) 사실 논제

사실의 진위 여부를 논하는 논제이다. 사실 논제의 쟁점은 개념 정의, 사실 여부, 행위의 책임 정도이다.

(예)
식량 문제 해결을 위해 유전자 조작 식품은 필요하다.
문화재 보호법은 사유 재산을 침해하고 있다.
정부의 시장 간섭은 위헌이다.
체육교과 축소 이후 학생들의 평균 체력이 저하되었다.
한국에는 언론의 자유가 있다.

2) 가치 논제

가치관의 차이를 논하는 것이다. 가치 논제의 쟁점은 개념 정의, 가치 간 우선순위, 가치의 판단 기준이다.

(예)

성장이 분배보다 중요하다.
환경 보호가 경제발전보다 중요하다.
사형제도는 비윤리적이다.
영어 조기 교육은 바람직하다.
모병제는 바람직하다.
문화예술인을 체육 · 예술 분야 대체복무 대상에 포함시키는 것은 바람직하지 않다.
종교인의 정치 참여는 바람직하지 않다.

3) 정책 논제

가치관의 차이를 논하는 논제이다. 정책 논제의 쟁점은 개념 정의, 변화의 필요성, 실행 방안의 실효성, 정책의 비용 편익이다.

(예)

사형제는 폐지해야 한다.
동성 결혼을 합법화해야 한다.
대리모 출산을 허용해야 한다.
철도를 민영화해야 한다.
정부는 출산을 장려하는 정책을 확대해야 한다.
공기업은 장애인 고용 비율을 높여야 한다.
최저임금을 10,000원으로 인상해야 한다.

〈논제 검검표〉

구분	내용
논제	–미해결된 문제나 사회적으로 합의되지 않은 논제인가? –많은 사람들이 관심을 가지고 있는 문제인가? –찬성 측과 반대 측이 제시할 수 있는 근거가 균형이 있는가?
문장	–논제의 문장은 긍정 측의 주장을 담은 평서문의 형태인가? –논점이 분명하게 드러난 문장인가?
단어	–의미가 분명한 단어로 논제가 작성되었는가? –논제에서 사용된 단어가 논의하는 주제에서 벗어나지 않았는가?

2. 토론의 형식과 특징

1) 교차조사 토론

교차조사 토론은 CEDA(Cross Examination Debate Association)으로 각 팀은 2명으로 구성되며 각각의 토론자는 입론, 질문, 반론의 기회를 1회씩 가진다. 주로 정책 토론에 많이 사용되지만 가치 토론에서도 활용된다. 교차조사 토론의 진행 순서는 다음과 같다.

순서	절차	발언 시간
1	찬성 측 1토론자 입론	4분
2	반대 측 2토론자 교차조사	2분
3	반대 측 1토론자 입론	4분

4	찬성 측 1토론자 교차조사	2분
5	찬성 측 2토론자 입론	4분
6	반대 측 1토론자 교차조사	2분
7	반대 측 2토론자 교차조사	4분
8	찬성 측 2토론자 입론	2분
9	반대 측 1토론자 반론	3분
10	찬성 측 1토론자 반론	3분
11	반대 측 2토론자 반론	3분
12	찬성 측 2토론자 반론	3분
숙의 시간	찬성 측, 반대 측 팀당 4분	4분, 4분

2) 링컨-더글러스 토론

링컨-더글러스 토론은 1:1 토론 방식으로 주로 가체 논제를 다루는 데 활용된다. 총 발언은 찬성 측이 4회, 반대 측은 3회를 가진다. 토론의 진행 순서는 다음과 같다.

순서	절차	발언 시간
1	찬성 측 입론	6분
2	반대 측 질문	3분
3	반대 측 입론	7분
4	찬성 측 질문	3분
5	찬성 측 반론	4분
6	반대 측 반론	6분
7	찬성 측 반론	3분

3) 칼 포퍼 토론

칼 포퍼 토론은 3인이 한 팀이 되어 토론하며, 총 발언은 팀당 5회이다. 이 방식은 무엇보다 토론자들 간의 협동이 중요하다. 다른 토론 방식보다 반박을 하는 시간이 길며, 첫 번째 반박에도 질문을 하는 것이 특징이다. 토론의 진행 순서는 다음과 같다.

순서	절차	발언 시간
1	찬성 측 1토론자 입론	4분
2	반대 측 3토론자 질문	2분
3	반대 측 1토론자 입론	4분
4	찬성 측 3토론자 질문	2분
5	찬성 측 2토론자 반론	4분
6	반대 측 1토론자 질문	2분
7	반대 측 2토론자 반론	4분
8	찬성 측 1토론자 질문	2분
9	찬성 측 3토론자 반론	3분
10	반대 측 3토론자 반론	3분
숙의 시간	찬성 측, 반대 측 팀당 8분	8분, 8분

3. 토론 발언의 유형

1) 입론

입론은 논제에 대한 토론자의 기본적인 입장을 밝히는 것이다. 입론에는 논제에 대한 토론자의 찬성 또는 반대 여부가 명확하게 드러나야 하며, 논제에 대한 개념 정의를 해야 한다. 또한 논제에 관한 입장을 지지하는 주장과 이를 뒷받침하는 근거를 밝혀야 한다.

2) 반론

반론은 토론 과정에서 상대방이 제시한 의견을 반박하고 본인의 주장을 다시 강화하는 말하기이다. 반론 시 새로운 주장을 제시하는 일은 지양해야 한다.

3) 교차조사

교차조사는 상대방의 입론 또는 상대방이 제시한 의견을 검증하는 과정으로 상대에게 질의의 방법으로 이루어진다. 이를 통해 상대방의 주요 주장을 검증할 수 있고, 자신의 주장을 강화할 수 있다. 또한 논제에 벗어나는 발언을 막아준다.

4. 토론 준비하기

1) 자료 수집하기

토론자는 논제가 정해지면 이와 관련된 자료들을 읽어야 한다. 이때 전문성 있는 연구 자료를 활용해야 하며, 다음의 사이트를 참고하면 바람직하다.

학술연구정보 서비스	riss. kr
한국 학술정보	kiss. kstudy.com
DBPIA	dbpia.co.kr
국회 전자도서관	dl.nanet.go.kr
구글 학술 검색	scholar.google.co.kr
네이버 학술정보	academic.naver.com
한국개발연구원	kdi.re.kr
삼성경제연구소	seri.org
현대경제연구원	hri.co.kr
LG경제연구원	lgeri.com
KT 경제경영연구소 디지에코	digieco.co.kr
포스코 경영연구원	posri.re.kr
빅카인즈	bigkinds.or.kr
국가통계포털	kosis.kr
한국갤럽	www. gallup.co.kr
리얼미터	realmeter.net
엠브레인 트렌드모니터	trendmonitor.co.kr

한국리서치	www.hrc.co.kr
서울시 여론조사	research.seoul.go.kr
국가법령정보센터	law.go.kr
법률 포털 사이트 로앤비	lawnb.com

2) 입론 쓰기

입론은 논증(주장의 타당성을 입증)하는 글이다. 다시 말해 논제에 관한 자신의 입장을 주장으로 뒷받침하고, 근거를 통해 자신의 결론이 논리적으로 타당함을 밝히는 일이다. 이때 입론은 두괄식으로 작성하며, '누가, 언제, 어디서, 무엇을, 어떻게, 왜'라는 육하원칙이 담겨있으면 논리적이다. 또한 청중이 듣고 쉽게 이해할 수 있는 단어로 작성하며 논제의 단어를 명확하게 정의해야 한다. '첫째, 둘째, 셋째'와 같이 순서를 나타내는 서수도 활용하면 청중이 토론 내용을 파악하기가 용이하다. 새로운 주장이나 근거를 소개할 때는 '다음으로, 그뿐만 아니라, 또 다른, 여기에 더하여, 이 외에도' 등을 사용하고, 내용을 요약하거나 결론을 도출할 때는 '요약하면, 한마디로 말해, 쉽게 말해, 지금까지 말씀드린 것은, 이와 같이, 곧, 즉' 등을 활용한다. 또한 논리적 과정에 따른 결과를 설명할 때는 '결과적으로, 따라서, 이와 같이, 그러므로, 이 때문에, 이를 통해, 이로 인해' 등의 표현을 사용하면 논리적인 입론을 작성할 수 있다.

5. 토론 준비표, 개요서, 논거 카드 작성하기

토론 준비표는 논제에 대한 우리 측의 입장, 우리 측의 입론, 상대측의 반론, 상대측 반론에 대한 우리 측의 재반론, 상대측 입론, 상대측 입론에 대한 우리 측의 반론, 우리 측 반론에 대한 상대측의 재반론 등 예상 가능한 내용을 한눈에 파악할 수 있도록 정리한다.

〈토론 준비표〉

논제 : 모병제는 바람직하다.		
입장 (찬반)	찬성 측 : 모병제는 바람직하다.	
입론	우리 측 입론	상대측 입론

반론	상대측 입론에 대한 우리 측의 반론	우리 측 입론에 대한 상대측의 반론
재반론	상대측 반론에 대한 우리 측의 재반론	우리 측 반론에 대한 상대측의 재반론

입론은 토론의 전체 흐름을 결정한다. 따라서 개요서에는 토론의 필요성과 의미, 필수 쟁점을 포함해서 완전한 문장으로 내용을 구성한다. 큐카드는 개요서를 참고하여 키워드를 중심으로 작성하면 된다.

〈개요서〉

논제 : 모병제는 바람직하다.	
서론	논제와 관련된 사회적 배경 설명하기 논제에 제시한 주요 개념 정의하기 논의의 대상을 분명히 하기 본론에서 제시할 논점에 대해 간략하게 소개하기
본론	주장과 이유(증거) 서술하기
결론	본론에서 말한 내용을 요약하기 사례, 명언, 인용문을 활용해서 주장한 내용을 강조하기

논거 카드는 수집한 자료의 타당성을 검증한 후 쟁점별로 체계적으로 정리한다. 토론을 진행하는 중 근거 자료를 적절하게 활용하면 자신의 주장을 강화하거나 상대방 주장을 공격할 때 유용하다. 이때 그 내용과 출처를 분명하게 밝히고, 번호를 매겨 정리하면 바람직하다.

〈논거 카드〉

NO.	
논제 : 모병제는 바람직하다.	
관련 쟁점	
출처	

내용	
자료의 의미	

6. 토론 내용 정리하기

토론 내용을 1장으로 일목요연하게 정리하면 토론의 흐름이 한눈에 보인다. 토론 당사자는 상대 토론자의 논리를 반박할 때 더 명확한 질문을 할 수 있고, 심사자도 심사 시 토론 내용 정리표를 참고하여 메모할 수 있다.

논제 :		작성자 :	
(1) 찬성 측 1입론	(2) 반대 측 2교차조사	(3) 반대 측 1입론	(4) 찬성 측 1교차조사

논제 :		작성자 :	
(5) 찬성 측 2입론	(6) 반대 측 1교차조사	(7) 반대 측 2입론	(8) 찬성 측 2교차조사
(9) 반대 측 1반론	(10) 찬성 측 1반론	(11) 반대 측 2반론	(12) 찬성 측 2반론

7. 토론 평가하기

토론의 평가는 논리적 내용 구성에 대한 평가가 먼저 이루어져야 한다. 논리적 내용 구성이란 주요 용어나 개념에 대한 정의가 보편성을 가졌는지, 주장을 뒷받침하는 근거나 추론들이 잘 구성되었는가를 평가하는 것이다. 또한 상대방의 주장에 대한 질문이 효율적으로 이루어졌는지, 반론에서는 본인의 주장이 상대의 주장보다 더 우위에 있다는 근거를 적절하게 제시했는가를 평가한다.

〈토론 평가표〉

토론자 평가(40)	찬성팀	반대팀
기본 평가(10) – 효과적으로 전달했는가? – 예의를 지켰는가? – 팀워크는 잘 이루어졌는가?		
입론(10) – 논제와 관련된 주요 개념을 올바르게 정의하고 이해했는가? – 필수 쟁점을 잘 다루었는가? – 주장을 뒷받침하는 근거나 추론들이 잘 구성되어 있는가?		
교차조사(10) – 상대방이 제시한 자료와 논거를 충분히 검증했는가? – 상대방 주장의 허점을 적절히 제시했는가? – 답변 유도 능력이 있는가?		

토론자 평가(40)	찬성팀	반대팀
반론(10) – 상대방의 논점을 적절하게 반박했는가? – 쟁점에 대해 일관성 있게 논리를 전개했는가? – 본인 주장이 상대의 주장보다 더 우위에 있다는 근거를 잘 제시했는가?		
평가 이유	입론 교차조사 반론	입론 교차조사 반론
사회자 평가(10)	**찬성팀**	**반대팀**
– 공평하게 진행하고 중립을 지켰는가? – 논제의 의의를 잘 부각했는가? – 토론의 규칙과 시간을 잘 지키도록 했는가? – 토론의 내용을 잘 요약했는가?		
총점		
총평		

8. 토론 참여자의 역할

1) 사회자의 역할

사회자는 객관적인 사고와 공정한 태도를 가지고 토론을 이끌어야 한다. 또한 토론의 흐름을 제대로 잡기 위해서 사회자는 누구보다도 논제를 정확하게 파악하고 있어야 한다. 실제 토론 시 사회자는 토론의 논제 및 쟁점을 논리적으로 설명하고, 토론이 다른 방향으로 벗어나지 않도록 해야 한다. 토론을 진행하는 중간에 청중들에게 토론의 내용도 정리해서 전달하고, 시간 체크도 정확히 해야 한다.

2) 토론자의 역할

토론자는 논제에 대해 충분히 이해하고 토론의 전 과정을 충분히 숙지하고 준비해야 한다. 이때 토론 규칙에 대한 이해도 필요하며 반드시 지켜야 한다. 실제 토론 시 토론에 임하는 태도나 자세도 중요하다. 또한 설득을 높이기 위해서 몸짓, 얼굴 표정, 눈빛, 자세, 옷차림 등의 비언어적인 요소와 말의 강세, 속도, 음조, 말투, 성량, 억양, 발음 등의 반언어적인 요소에도 신경을 써야 한다.

3) 청중의 역할

원활한 토론을 위해서는 청중의 역할도 중요하다. 사회자와 마찬가지로 감정적, 주관적인 판단은 배제하고 중립적인 입장에서 토론을 봐야 한다. 질 높은 청중평가를 위해서 토론 중 필요한 부분은 메모를 하여 토론 후 피드백하는 것도 좋은 방법이다.

9. 토론 대본의 실제와 피드백

논제 : SNS는 소통의 장이다.

사회자 : 황○○
찬성 측 : 임○○, 양○○, 강○○
반대 측 : 정○○, 최○○, 전○○, 이○○

사회자 황○○〉 안녕하세요. 청춘조의 사회를 맡은 황○○입니다. 저희 조는 요즘 세상에서 빠질 수 없는 존재가 되고, 우리에게 엄청난 영향력을 행사하는 SNS에 대해 토론하려고 합니다(사회자는 맨 먼저 논제에 대한 토론이 왜 필요한지 그리고 그 사회적 배경이 무엇인지를 알려줌으로써 청중의 관심과 흥미를 불러일으켜야 한다.).

SNS란, 특정한 관심이나 활동을 공유하는 사람들 사이의 관계망을 구축해주는 온라인 서비스입니다. 사용자 간의 자유로운 의사소통과 정보 공유, 그리고 인맥 확대 등을 통해 사회적 관계를 생성하고 유지·강화시키는 장점이 있습니다. 또한 이런 관계망을 통해 정보가 공유되고 유통되기도 합니다. 하지만 SNS는 사생활 침해, SNS 왕따, 개인정보유출 등의 문제도 안고 있습니다. 또한 SNS를 오랫동안 사용하면서 육체적 피로도 느끼고, SNS를 이용하지 않으면 불안증세를 겪는 등 우리에게 피해를 주기도 합니다. 이렇게 두 얼굴을 가지고 있는 SNS를 주제로, 'SNS가 소통의 장인지 피로의 장인지'에 대해 토론하려고 합니다. 먼저 찬성 측의 입론을 들어보겠습니다. 입론자 말씀해주십시오(가치 논제에서는 '개념 정의, 가치 사이의 충돌, 가치의 판단 기준' 등이 필수 쟁점이 된다.).

찬성 측 입론 임○○〉 저는 SNS가 소통의 장이라고 생각합니다. 소통이란 '오해가 없도록 뜻을 서로 통하다'라는 의미입니다. 즉 공통된 관심사나 생각을 공유하는 것으로 소통의 시작은 대화입니다(논제와 관련된 주요 개념을 정의한다는 것은 곧 논의의 범위를 한정하는 것을 의미한다. 따라서 입론에서 주요 개념을 적절하게 정의해야 한다.). 서로 간의 소통이 없으면 그 사람이 어떤 사고를 가지고 생각을 하고 있는지 알 수가 없습니다. 과거에는 직접 만나서 소통하는 방법 밖에는 없었지만 현대사회에는 IT산업의 발달로 인터넷과 SNS를 통한 소통이 활발해지고 있습니다.

SNS(Social Network Service)란 소셜 미디어(Social media)라고도 하며, 21세기 초반에 시작된 온라인 서비스입니다. 그동안 정보를 검색하는 역할을 해왔던 인터넷 서비스는 이제 정보 검색뿐 아니라 누군가와 소통하려는 욕구를 해결하고 폭넓은 인맥을 구축할 수도 있는 새로운 도구가 되고 있는 것입니다. 직접 만나서 이야기를 하는 것과 달리 SNS는 평소 면대면의 대화에 어려움이 있던 사람도 SNS를 통해 대화를 할 수 있고 자신의 의견을 적극적으로 피력할 수 있습니다. 또한 우리나라 안에서뿐만 아니라 외국과의 소통도 쉬워지면서 외국의 상황을 빠르게 알뿐더러, 외국에 살고 있는 가족, 친척 등과도 쉽게 연락을 주고받을 수 있게 되었습니다.

사회자 황○○〉 네, 잘 들었습니다. 반대 측 입론 말씀해 주십시오(반대 측 교차질문이 아닌 반대 측 입론을 진행하였다. 이는 토론 모형 순서에 어긋난다.).

반대 측 입론 정○○〉 저는 SNS가 소통의 장이 아닌, 피로의 장이라고 생각합니다. 먼저 피로의 정의에 대해 이야기하겠습니다. 피로란, 과로로 정신이나 몸이 지쳐 힘든 상태 연속 및 반복되는 정신적, 육체적 작업에 수반해서 발생하는 심신기능의 저하상태를 뜻합니다.

요즘 세상에 빠질 수 없는, 절대적 존재가 되어버린(일반화의 오류는 아닌지 고민이 필요하다.) SNS 활동은 주로 컴퓨터, 특히 스마트폰의 보급률이 점점 높아지면서 스마트 폰으로 SNS를 접근하는 경우가 많습니다(SNS 활동은 스마트폰의 보급률이 높아지면서 더욱 활발해지고 있습니다.). 사람들 사이에서 어떤 정보나 상황을 알 수 없을 때 집단에서 소외감을 받기도 합니다. 그래서 저는 SNS를 통해 정신적인 피로와 육체적인 피로를 받는다고 생각합니다. 우리는 SNS를 통해서 많은 정보를 얻고 받아들이며, 하루에도 수없이 많은 정보에 노출됩니다. 그 정보에 대해 받아들이는 방식이 다르기 때문에 어떤 사용자에게는 유익한 정보가 될 수 있지만, 불필요한 사람에게는 오히려 그 정보가 부담으로 다가올 수 있습니다. 때문에 정신적 피로를 느낄 수도 있습니다. 또한 어떤 집단의 정보를 몰랐을 때의 소외감과 SNS 왕따, 사생활 침해, 인터넷 범죄 등 우리는 수많은 위험에 노출되어 있기에 피로를 느끼지 않을 수 없다고 생각합니다.

〈그림 ①〉처럼 스마트폰의 보급률이 늘면서 스마트폰으로의 SNS 접근이 많아졌고, 컴퓨터 사용 또한 늘어났습니다. 이렇게 장시간 전자기기를 사용하면 당연히 몸에 피로가 오기 때문에 육체적 피로도 쌓인다고 생각합니다.

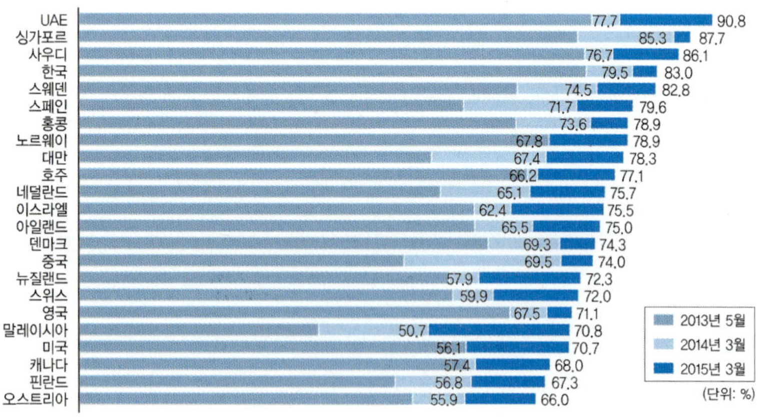

〈그림 ①〉 글로벌 56개 국가 스마트폰 보급률(단위:%)

사회자 황○○〉 네, 그러면 찬성 측의 반론 말씀해 주십시오(찬성 측 교차질문이 아닌 찬성 측 반론으로 진행하였다. 이는 토론 모형 형식에 어긋난다.).

찬성 측 반박 양○○〉 정보를 얻고 받아들이는 방식에 따라 일어나는 문제점이 많다고 하셨습니다. 그러나 개개인마다 살아온 환경과 시각이 다르기 때문에 공통된 주제가 있더라도 어떻게 받아들이느냐에 따라 어떤 사람은 이것이 문제가 될 수도 있고, 도움이 될 수도 있다고 생각합니다. 예를 들어 정치인이 사람들과 악수를 하고 있는 사진이 있다고 합시다. A라는 사람은 '민심을 얻기 위한 일종의 연출이다'라고 부정적으로 생각할 수 있고, B라는 사람은 '정치인이 정말 대중적인 활동을 열심히 하는구나'라고 긍정적으로 생각할 수 있습니다(토론에서 자기주장의 타당성을 확보하거나 상대방 주장에 대한 반론의 타당성을 높이기 위해서는 대표성이 있고 신뢰할 만한 사례를 근거 자료로 활용해야 한다.). 이렇듯 각자 받아들이는 시각의 문제일 뿐입니다. 그리고 정신적인 피로를 받는 것은 앞의 언급처럼 어떻게 받아들이느냐의 차이입니다. 다이어트 기사를 예로 들면 평소에 살을 빼는 것에 관심이 있는 사람이라면 기사를 유심히 볼 것이고 다이어트 때문에 평소 스트레스를 많이 받았던 사람이라면 보지 않을 것입니다(다이어트의 필요성을 느끼지 못하는 사람은 보지 않을 것입니다.). 그리고 육체적 피로라는 것은 SNS를 사용하는 개개인이 스스로 자제를 못하는 문제이기 때문에 스스로 적당한 시간을 이용하면 될 것입니다. 그렇다면 반대 측에서는 SNS가 우리에게 주는 정보를 무시할 수 있다고 생각하십니까?(폐쇄형 질문을 던진 방법이 효율적이다.)

반대 측 대답 이○○〉 SNS가 주는 정보를 무시할 수 있냐고 질문하셨는데, SNS가 주는 정보는 물론 중요합니다. 하지만 우연적으로 얻어지는 정보가 아닌, 자신에게 필요한 정보를 추구하는 것이 중요하다고 생각합니다.

찬성 측에서는 SNS의 정보에 대해 이야기 해주셨습니다. SNS에서는 정말 많은 정보가 오가고 있습니다. 그만큼 SNS가 주는 정보들을 무시할 수는 없습니다. 하지만 같은 주제라도 다른 논점으로 해석되어 다른 이야기, 루머 등으로 빨리 확산됩니다. 때문에 SNS를 통해 사람들은 어떤 것이 진짜 정보인지, 어떻게 구분하여 받아들어야 하는지에 대해 (고민하기에) 정신적인 피로를 얻을 수 있다고 생각합니다.

또한 우리는 본인이 보고 싶은 정보만 보는 것이 아닌 우연적으로도 얻는 정보들도 많습니다. 너무 많은 정보를 접하게 되면 혼란스러워지기 마련입니다. 무엇이 진짜인지 나에게 필요한 정보가 이것이 맞는지에 대해 스트레스를 받기 마련입니다.

그리고 SNS 사용은 사용자가 스스로 자제하지 못해서 육체적 피로가 발생한다고 하셨는데, SNS를 하다보면 어느새 시간이 흘러갑니다. 또한 SNS에는 우리에게 자극적인 정보나 호기심을 유발하게 하는 정보들이 많습니다. 저 또한 이런 정보들을 계속 보다가 시간이 훌쩍 지남을 느꼈습니다. 그 당시에는 몸이 많이 피로하다는 것을 느끼지 못했지만, 〈그림 ②〉처럼 현대인에게는 스마트폰을 오랫동안 사용함으로써 새로운 증후군들이 발생되고 있습니다(〈그림 ②〉는 하루 평균 SNS 이용시간이다. 이를 통해 새로운 증후군 발생에 대해서는 알 수 없다. 통계자료는 주장을 뒷받침해 주는 역할을 하며 객관성과 타당성을 높이기 위해서 대표성이 있고 신뢰할 수 있는 정보원에서 나온 통계자료를 사용해야 한다.). 대표적으로 오랫동안 스마트폰을 들고 있기에 손가락이 저리고 통증이 생기면서 감각이 저하되는 증후군인 손목터널증후군이 있습니다. 이뿐만 아니라 안구건조증, 수면장애 등으로 육체적인 피로도 동반되고 있습니다.

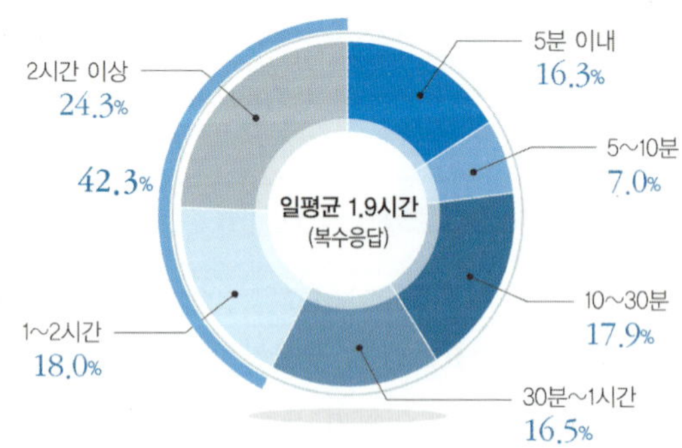

〈그림 ②〉 스마트폰을 통한 일평균 SNS 이용시간(출처 불분명함)

찬성 측 강○○〉 반대 측 토론자분도 페이스북과 같은 SNS를 사용하시겠지만, 진짜 정보인지 가짜 정보인지를 모두 구분을 할 수는 없습니다. 그러나 우리는 성인이기에 어느 정도 구분할 수 있는 연령대라고 생각합니다. 질병을 얻는 것은 앞에 제가 말씀드린 것과 마찬가지로 사용자 개개인이 SNS를 얼마나 사용하는지에 따라 다르다고 봅니다.

SNS는 많은 장점이 있는 우리 삶에서 없어서는 안 될 서비스입니다. 방송통신위원회와 한국인터넷진흥원의 2010년 10월 국내 만12세 이상 49세 이하 인구의 SNS 이용률에 대한 조사 발표에 따르면, 〈그림 ③〉과 같이 국내 인터넷을 이용하고 있는 국민의 76.4%가 SNS를 이용하고 있다는 것을 알 수 있습니다. SNS 이용률은 남성(77.4%)이 여성(75.3%)보다 다소 높았으며, 연령대별로는 20대의 이용률이 81.8%로 가장 높고, 다음으로 30대(77.6%), 10대(73.4%), 40대(71.8%)의 순입니다. 〈그림 ④〉은 SNS 이용자들이 SNS를 이용하는 이용 목적에 대한 조사입니다. 이 조사에 따르면 SNS 이용 목적은 정보 습득 및 교류를 하기 위해서이고, 그 다음 커뮤니케이션, 교제, 오락 등의 순입니다.

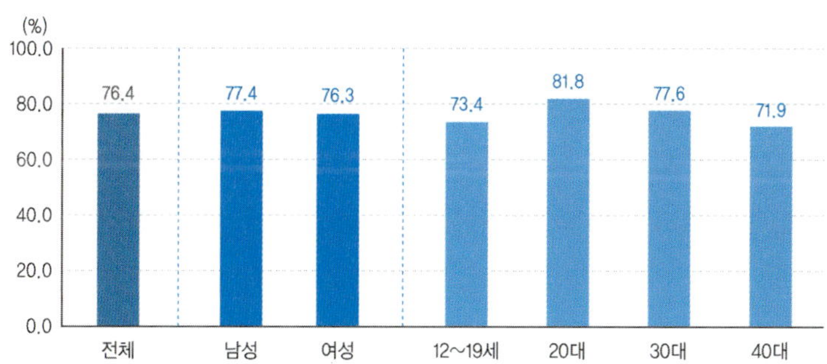

〈그림 ③〉 국내 SNS 이용률(단위:%)

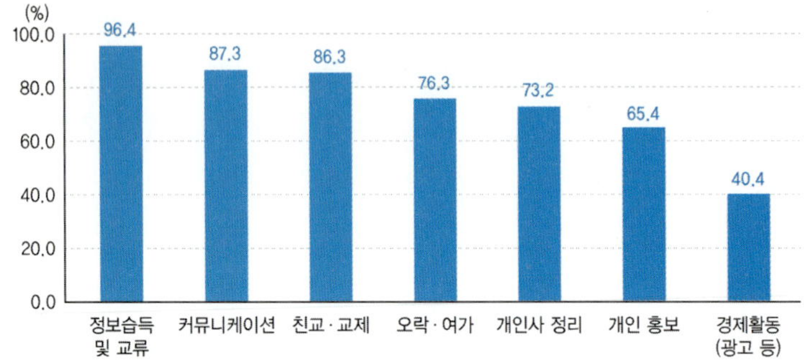

〈그림 ④〉 SNS 이용자들의 이용목적(단위:%)

이렇듯 SNS는 이미 우리 삶의 깊숙한 곳까지 자리를 잡아가고 있습니다. 〈그림 ④〉에서 보듯이 정보습득, 커뮤니케이션, 친교 교제 등의 비율이 높은 것이 SNS가 소통의 장임을 보여주고 있는 것입니다.

반대 측 최○○〉 〈그림 ④〉의 자료가 SNS는 소통의 장임을 보여줄 수도 있지만, 저는 〈그림 ④〉 자료를 봤을 때 이용목적의 비율이 높다는 사실이 피로를 조장한다고 봅니다.

〈그림 ⑤〉를 보듯이 우리는 SNS를 받아들이는 행동과 인식이 SNS를 이용하지 않으면 불안하다는 편이 약 50%, 개인정보 공개로 인해 곤란을 겪은 적이 있다가 약 24% 등으로 긍정적 인식보다는 부정적 인식이 더 높은 비중을 차지합니다. 또한 〈그림 ⑥〉에서도 볼 수 있듯이 프라이버시에 대한 피로, 정보과부화, 기회비용 등의 순으로 SNS의 피로감은 점점 늘어나는 있는 추세입니다.

또 다른 예로 잡코리아에서(출처를 자세하게 서술해야 한다.) 직장인을 대상으로 한 설문 조사에 의하면 3명 중 1명이 SNS를 이용하면서 스트레스를 받는다고 하였습니다. 이 자료들을 볼 때 SNS는 사람들에게 소통보다는 피로를 준다고 생각합니다.

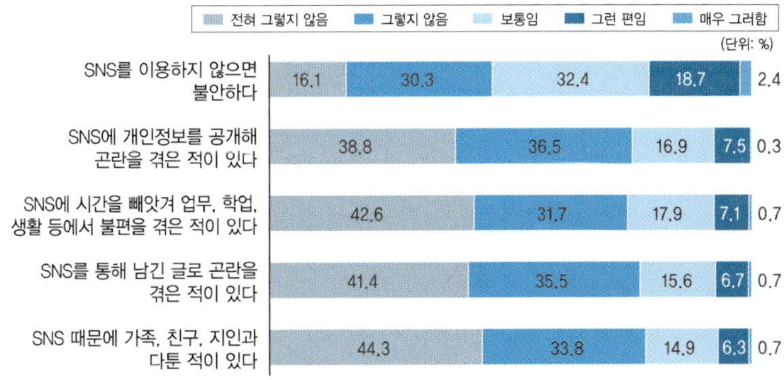

〈그림 ⑤〉 SNS 이용 행동 및 인식(단위:%)

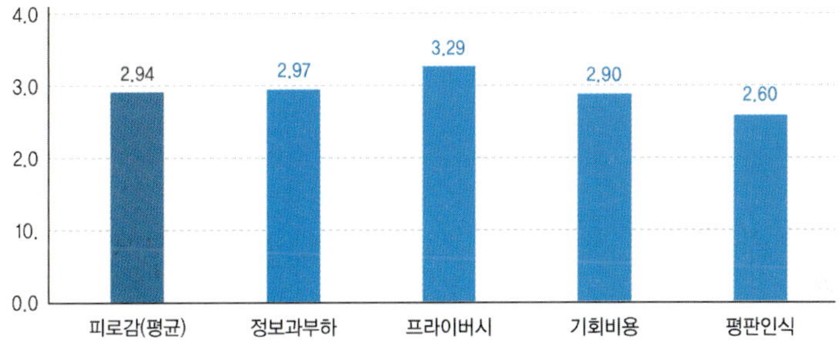

〈그림 ⑥〉 피로감 변인과 4가지 요인(출처 불분명함)

사회자 황○○〉 네 잘 들었습니다. 그럼 찬성 측의 최후변론 해주십시오.

찬성 측 임○○〉 SNS는 소통의 장입니다. 21세기 IT산업이 발달하면서 SNS라는 또 다른 소통의 장이 생기면서 서로 얼굴을 보지 않아도 소통할 수 있고, 폭 넓은 인맥도 형성할 수 있습니다. 이로 인한 정신적인 피로의 문제는 개개인이 어떻게 정보를 받아 들이냐의 차이입니다. 육체적 피로는 SNS를 사용하는 개개인이 자제를 못하는 문제이기 때문에 스스로 적당한 시간을 이용하면 될 것입니다.

SNS를 사용하기 전보다 정보습득, 커뮤니케이션, 친교교제 등이 더 활발해진 것은

SNS가 소통의 장이기 때문입니다. 시간과 공간의 제약 없이 언제 어디서든 소통이 가능한 SNS는 우리에게 반드시 필요한 '소통의 장'이라고 생각합니다.→주장과 근거의 내용을 요약 및 정리하고 앞으로의 과제와 전망을 제시한다.

사회자 황○○〉 네. 이에 대한 반대 측의 최후변론 부탁드립니다.

반대 측 임○○〉 최후변론을 하겠습니다. SNS는 피로의 장입니다. SNS가 주는 정보들이 유익할 수 있다는 것을 부정할 수는 없지만, SNS를 통해 정보에 접근하는 사람들이 어떤 정보가 진실인지 구별하기 위한 과정이 분명 있기에 정신적인 피로도 얻게 됩니다. 또한 현대인이 스마트폰을 오랫동안 사용함으로써 생기는 손목터널증후군, 안구건조증, 수면장애의 문제도 가볍게 생각할 수 없습니다. SNS를 이용하지 않으면 불안하다는 점, 개인정보 공개로 인해 곤란을 겪는 점 등은 SNS의 실상을 보여주고 있습니다.

앞에서 말씀드렸던 SNS가 스트레스를 많이 받는다는 잡코리아의 결과는 SNS가 현실적으로 문제점이 많음을 보여줍니다. 우리는 SNS를 통해서 많은 정보를 받아들이지만 부정확한 여러 정보들은 또한 우리에게 정신적인 스트레스로 다가오기 마련입니다. 이런 정보들은 우리에게 혼란을 야기하고 신체적, 정신적 피로만 가중시킬 뿐입니다.

스마트폰의 보급률이 높아지면서 스마트폰으로 SNS의 접근이 용이해졌고, 컴퓨터 사용 또한 늘어났습니다. SNS 접근의 증대는 우리 몸에 필연적으로 피로를 불러일으킵니다. 때문에 SNS는 육체적 피로와 정신적 피로를 쌓이게 할 수 밖에 없는 '피로의 장'입니다.→주장과 근거의 내용을 요약 및 정리하고 앞으로의 과제와 전망을 제시한다.

사회자 황○○〉 네. 찬성 측과 반대 측의 발언 감사합니다. 오늘 여러 학우님들과 함께 SNS에 대한 찬성과 반대 의견을 들어보았습니다. 찬성 측의 의견은 SNS가 누군가와 소통하려는 욕구를 해결하고 폭넓은 인맥을 만들고, 각자의 의견을 피력할 수 있는 소통의 장이라고 하였습니다. 반대 측의 의견은 SNS 사용으로 인해 사생활 침해, 정보 유출 등의 정신적 피해와 전자기기로 SNS를 이용한다는 점에서 육체적 피로를 얻게 되는 피로의 장이라는 의견이 나왔습니다.

SNS라는 문제를 두고 반대 측에서 제시하는 문제점을 보완하고 찬성 측이 주장하는 긍정적인 부분을 부각시켜 올바르게 SNS를 사용해야 할 것입니다.

이상으로 ○○조의 토론을 마치도록 하겠습니다. 토론에 참여해주신 여러 학우님들께 진심으로 감사드립니다.

(학생의 토론 대본을 재구성)

10. 독서토론

독서토론은 크게 두 가지로, 독서한 내용을 바탕으로 찬반이 분명한 토론 논제를 선정하여 상대방을 설득하는 방식과 책을 읽은 후 어떤 문제에 대해 독서 내용을 바탕으로 서로의 경험과 지식을 소통하는 방식을 말한다.

1) 발제 내용 준비하기

독서토론을 위해서 먼저 발제에 사용할 주장과 근거를 작성해야 한다. 이때 논설문일 경우 논지 정리, 비판 사항, 의견 등을 중심으로 준비한다. 소설의 경우 내용 요약, 인물에 대한 느낌, 작가 정보 등을 정리하면 된다. 특히 문학 장르인 경우 해석의 다양성을 열어두고 가치 판단의 여러 방향을 경험할 수 있도록 한다. 또한 토론의 논제를 문학 주제에서 벗어나 현실 사회의 문제로 확장시키는 것도 좋은 방법이다.

2) 독서노트 작성하기

독서 후 토론이나 독서감상문 작성을 위해 독서노트를 작성해야 한다. 이때 독서토론의 기본 질문을 활용하면 논리적으로 작성할 수 있다. 즉 1. 기억나는 것은?(사실 인식), 2. 느낀 것은?(가치판단), 3. 앞으로 할 일은?(실천의지), 4. 궁금한 것은?(문제 제기)이라는 질문을 중심으로 작성하면 된다. 이 같은 독서노트를 작성하는 활동은 읽기, 쓰기, 말하기, 듣기의 통합 의사소통 교육의 효과가 있다.

〈독서노트〉

도서명 :	작가 :
기억나는 줄거리는? (사실 인식)	

가장 인상 깊었던 부분에 대한 생각은? (가치판단)	
어떻게 활용할 수 있을까? (실천의지)	
궁금한 점이 있다면? (문제 제기)	

3) 정리 및 평가하기

독서토론이 의미 있는 활동이 되려면 토론의 정리와 평가도 중요하다. 이때 사회자-토론자-청중의 상호 피드백은 자신의 역할과 관점을 되돌아보는 기회를 가지게 하여 향후 더 발전적인 토론으로 이어질 수 있도록 한다.

〈독서토론 평가표〉

토론자 평가(40)		찬성팀	반대팀
입론(5)	용어 정의, 쟁점 분석, 주장의 명료성, 논거 제시 능력, 질의에 대한 대처 및 답변 능력이 있는가?		
질의(5)	상대 측의 논리나 구성상의 문제점에 대해 정해진 시간 내에 효과적인 질의로 토론을 유리하게 전개하는가?		
반박(5)	자신의 일방적인 쟁점만 제시하지 않고 상대 측의 논점을 적절하게 반박하는가?		
최종 발언(5)	상대 측의 주장을 날카롭게 논박하고 자기 측의 주장을 효과적으로 요약하고 강조하는 능력이 있는가?		
대상 도서 활용 능력(10)	대상 도서를 논제와 긴밀하게 연결 지어 입론 구성, 반박, 최종 발언 등에서 효과적으로 활용하는 능력이 있는가?		
표현 능력 및 스타일(10)	상대 측에 대한 예의, 발표 자세와 시선 처리, 정확한 발음, 발성과 속도 등의 표현 능력이 있는가?		
총점			
총평			

4) 독서토론 준비 글의 실제

논거 1 : 〈논어〉 효도 10훈 9절에 보면 "부모님을 원망하거나 허물을 말하지 말라"라는 구절이 있습니다. 자신의 처지를 부모 탓으로 돌리지 말 것이며. 비록 부모님의 허물이 있을지언정 원망하지 말고 남에게 결코 말하지 말라는 뜻입니다. 아버지의 도둑질을 신고함으로써 죄를 묻게 하는 법도 있지만, 효를 중요시 여기는 우리나라 정서에 비춰 생각해보면, 아버지의 잘못을 감싸주고 가족이라는 선 안에서 잘못을 지적하고 인지시켜주는 방법으로 문제를 해결할 것입니다.

예상 반론 : (재범률을 제시하며) 재범을 일으킬 경우 어떻게 할 것인가?

예상 반론에 대한 반론 : 한국정책신문의 기사 내용에 따르면 대부분의 재범 원인은 가족 간의 관계가 원활하지 못해 일어난다고 합니다. 아들이 신고함으로써 아버지가 죄를 받고 나온다 하더라도 아버지와 아들의 가족관계는 원활하지 않으면 오히려 아버지는 재범을 저지를 수 있습니다.

논거 2 : 신고하는 행위는 옳지 않습니다. 예를 들어 신고자가 아버지를 신고해서 죄를 치르게 된다면 신고자는 '죄를 지은 사람을 신고한 모범 시민'보다 '도둑질을 한 아버지의 아들'이 됩니다. 즉 사람들은 선입견을 갖고 신고자를 좋지 않은 시선으로 볼 게 뻔합니다. 이런 부당함을 감수하면서까지 굳이 신고를 할 필요는 없다고 생각합니다.

예상 반론 : 도둑질을 여전히 한다면 계속 방관할 것인가?

예상 반론에 대한 반론 : "만약에"라는 상황을 넣으면 이 토론은 끝도 없습니다.

반대로 저도 상황을 가정한다면 신고하지 않아서 바로 잘못을 뉘우치고, 사회에 봉사하고 지낸다고 가정하면 되는 것 아닙니까?

예상 반론 : 방관을 하는 중 아버지가 붙잡힌다면 어떻게 할 것인가?

예상 반론에 대한 반론 : 저는 계속 모르는 척을 하면 됩니다. 원래 죄를 지어서 붙잡힐 사람인데 안 잡히면 운이 좋은 거고 붙잡힌 거라면 조금 늦게 잡힌 것 밖에 되지 않습니다. 부모의 잘못을 감싸줄 수 있지만 나라에서 내려진 처벌에 대해서는 저에게도 어떤 권한이 없습니다. 부모님의 잘못을 눈감아준 것에 대한 것에 효도를 다 했을 뿐 그것은 저와는 상관없는 문제입니다.

논거 3 : 세속오계 중 '사친이효'라는 말이 있습니다 어버이 섬기기를 효도로써 한다는 의미입니다. 효도의 의미는 사람마다 다르다고 생각합니다. 현재에는 감싸주는 것이 공범이 될 수도 있겠지만, 과거에는 효가 중시되던 시대이기에 아들이 아버지의 도둑질에 대한 행위를 감싸주는 것이 오히려 효입니다. 그렇기에 아버지의 행위를 감싸주는 것이 옳다고 생각합니다.

예상 반론 : 효도를 위해 잘못된 행위를 신고하지 않는다는 게 말이 되지 않는다. 그런 식의 효도가 과연 정당한 효도인가?

예상 반론에 대한 반론 : 효도는 사람마다 받아들이는 것이 다르기에 기준도 다르다고 생각합니다. 즉 상황에 따라 효에 대한 기준이 달라지는 것이 당연하다고 생각하고 아버지가 자식으로 인해 고마움과 기쁨을 얻는다면 그것이 바로 정당하고 올바른 효도라고 생각합니다.

논거 4 : 아들이 신고를 했다고 해서 아버지가 자신의 잘못을 뉘우친다는 보장 또한 없다고 생각합니다. 오히려 부모와 자식 간의 관계만 나빠질 뿐입니다. 아들로서 각박한 신고보다는 아버지가 스스로 부끄러움을 느끼고 반성할 수 있도록 도와주어야 한다고 생각합니다. 백 마디의 말과 천 가지의 형벌보다 값진 것은 아버지께서 자신의 잘못을 뉘우치게 도와주는 것이 옳다고 생각합니다.

예상 반론 : 아버지의 잘못된 행동을 신고하여 벌을 받는 것이 잘못을 더 뉘우치는 데 올바른 것이 아닌가?

예상 반론에 대한 반론 : 더 올바른 해결방안을 위해 섣부르게 신고한다면 자식과 부모 관계는 악화될 것입니다. 끊을 수 없는 가족의 관계가 악화되는 것보다 아들이 아버지에게 설득과 반성할 수 있도록 시간을 주어야 된다고 생각합니다.

마무리-최후변론 : '도둑질을 한 아버지를 관고에 신고한 아들의 행위는 옳은가?'라는 논제에 대해 저희 조는 옳지 않다고 생각합니다.

현대사회는 법이 우선하는 법치국가임에 틀림없습니다. 하지만 그 바탕에는 효와 가족의 유대가 있습니다. 논제에서 주목해야 할 점은 아버지의 죄목과 그 해결 방법이라고 생각합니다. 물론 작은 죄는 간과해도 된다는 의미는 결코 아닙니다. 그러나 고발이란 극단의 방법에 앞서 가족의 사랑으로 아버지를 회유하여 스스로 자수의 길로 인도할 수 있습니다. 아버지를 고발하는 단순한 방법은 그 아들에게 가족의 관계뿐만 아니라 사회생활을 함에도 큰 상처가 될 수 있습니다. 그래서 저희 조는 '도둑질을 한 아버지를 관가에 신고한 아들의 행위는 옳은가'라는 논제는 '신고'라는 방법보다 '가족의 사랑'이란 방법으로 해결해야 한다고 생각합니다.

논어 자로편을 보면 공자께서 말씀하셨습니다. "우리 고을의 정직한 자는 이와 다르다. 아버지는 자식을 위하여 숨겨주고 자식은 아버지를 위하여 숨겨주니, 정직함은 그 가운데 있는 것이다."라고 했습니다. 논어를 통해 이야기하자면 사랑과 효 안에서 잘못을 숨겨주는 것에는 정직이 있습니다. 아버지의 도둑질을 숨겨주는 것이야말로

아들이 정직한 행동을 했다고 볼 수 있습니다. 또한 가족이란 힘들고 각박한 세상 속에서 유일하게 편히 쉴 수 있는 곳이라고 생각합니다. 우리는 가족이기에 그 잘못을 감싸주고 눈감아 줄 수 있습니다. 그것은 가족이기에 가능한 일입니다. 잘못에 대해 무조건적인 질타를 하는 것은 좋지 않다고 생각합니다.

물론 아버지를 감싸주는 것이 공범이라는 또 다른 범죄를 만드는 일이 될 수도 있지만 과거 효가 중요시되는 시대에서 보았을 때 가족이라는 선 안에서 아버지의 잘못을 인지시켜야 합니다. 삼강오륜에서 삼강 중 '부위지강' 아들은 아버지를 섬기는 것은 근본이고, 오륜 중 ' 부자유친' 아버지와 아들은 친함이 있어야 한다는 말이 있습니다. 오래전에 생긴 사자성어임에도 불구하고 아직까지도 우리에게 전해지는 말입니다. 효도는 사람마다 받아들이는 것이 다르기에 기준이 다르다고 생각합니다. 상황에 따라 효에 대한 기준이 달라지는 것이 당연하다고 생각하고 아버지가 자식으로 인해 고마움과 기쁨을 얻는다면 그것이 바로 정당하고 올바른 효도라고 생각합니다.

과거 효가 중요시 여겨졌던 것과 달리 효보다는 범죄에 있어서 법이 우선이 되는 오늘날과 같은 상황이 발생하더라도 죄를 지은 아버지를 신고한 모범 시민이라는 말보다는 도둑질을 한 아버지의 아들이라는 선입견이 만들어낼 부당한 일들을 감수하면서까지 신고를 할 필요는 없다고 생각합니다.

(학생의 〈논어〉 독서토론 준비 글을 재구성)

11. 연습 문제

1) 아래의 분야에 대한 토론의 논제를 작성해 보자.

분야	논제
정치	
경제	

사회 · 문화	
교육	

과학 · 기술	
국제	

2) 1)을 참고하여 실제 토론 대본을 작성해 보자.

PART 2

명저 읽기

01

Chapter

사유의 힘, 인문 명저 읽기

학습목표

1. 인문학을 이해한다.
2. 인문 명저 읽기를 이해한다.

인문학의 영어 표현인 Humanitas는 인간다움을 뜻한다. 이러한 인문학은 정치, 경제, 역사, 학예 등 인간과 인류문화에 관한 정신과학을 통틀어 말한다. 2000년대에 들어서면서 지식도 공공연히 '산업'의 일부분이 되었다. 인간의 사상과 역사, 문화를 다루는 인문학도 예외가 아니다. 신문과 방송에서는 연일 취업 지상주의로 인문학이 고사 위기에 처했다고 한다. 반면 스티브 잡스가 인문학과 기술을 융합시켰기 때문에 창의적인 제품을 내놓을 수 있었다며, 우리는 인문 정신이 없어서 그런 제품이 나오지 않는다고 말한다.

인문학은 세상과 인간을 바라보는 수준 높은 시각을 갖게 해 주고, 인간을 인간답게 만드는 학문이다. 사유의 힘은 생각하고 질문하고, 또 한 단계 더 들어가 생각하고 질문하면서 점점 깊어진다. 역사, 철학, 문학을 읽는다고 당장 돈이 생기는 것은 아니다. 대신 사물을 바라보는 통찰력이 생긴다. 세상과 사람을 둘러싸고 일어나는 일들을 통합적이고 유기적으로 보고, 그 이면을 꿰뚫어 볼 수 있는 안목을 갖게 되는 것이다. 결과적으로 인문학적 감수성과 사유의 깊이는 우리 인생의 기초체력을 만들어 준다고 할 수 있다.

아래는 〈인문 명저 읽기〉를 학습한 학생이 인문고전을 주제로 작성한 글이다. 이를 바탕으로 인문 명저 읽기의 궁극적 목적은 무엇인지 생각해 보자.

현실 풀이집 인문고전

논어, 목민심서, 그리스 로마 신화를 들어본 적이 있는가? 누구나 한 번쯤은 이를 접하거나 읽어본 적이 있을 것이다. 어쩌면 낯설게 느껴지는 인문고전은 우린 생각보다 많이 알고 있고 읽어봤다. 요즘 너도나도 읽는 고전은 '세계적인 CEO나 엘리트들이 읽는 책'이란 이름으로 어느 순간부터 유행처럼 번졌다. 성공을 하기 위해 반드시 읽어야 한다는 인문고전은 사실 읽기 쉬운 책은 아니다. 읽다 보면 무슨 말을 하는지 이해가 안 가는 부분도 분명 있을 것이다. 세상엔 수많은 종류의 책들이 있고, 또한 흥미롭고 읽기 쉬운 책들도 많다. 그럼에도 불구하고 우리가 어려운 인문고전을 읽어야 하는 이유는 무엇일까?

우리가 사는 삶이란 과거에서 현재, 미래로 이어져 가고 있다. 하지만 이것이 단지 시간의 흐름뿐 만을 나타낸 것은 아니다. 과거에 살아왔던 사람들의 경험을 쌓아 현재를 이루고 지금 현대 사람들의 모습이 결국 미래로 나아가는 발판이 될 것이다. 고전이라고 하는 것은 쉽게 말해 과거의 경험이 쌓인 결과물이자 옛사람들의 의식을 엿볼 수 있는 문학작품이라고 할 수 있다. 이 고전 중에서도 인문고전은 인문학 분야의 고전으로 인류의 문화를 다루고 있다. 인문학은 인간의 근원적인 문제나 사상, 문화를 대상으로 연구하는 학문이다. 흔히 문사철로 불리며 인간의 문학, 역사, 철학을 지칭한다. 우리의 삶 속 어디에나 인문학을 적용하고 활용할 수 있지만, 사람들이 가지는 인문고전의 필요성은 모호하다. 국내의 대기업들은 인문학적 소양을 보기 위해 입사 시험에 인문학 관련 문제를 제출하고, 고등학생들은 수능을 치기 위해 인문고전을 꼭 배워야만 한다. 그에 맞춰 '중학생이 읽어야 할 인문고전 100선', '초등학생을 위한 인문 고전 읽기' 등 인문고전과 관련된 책과 강의들이 넘쳐나고 있다. 특별한 경우가 아닌 이상 우리가 인문고전을 처음 접하는 계기는 성적을 잘 받기 위해 혹은 성공을 하기 위한 목적일 것이다. 그렇지 않은 이상 사람들이 고전을 찾는 경우는 드물다. 하지만 우리는 이러한 의도가 아닌 다른 목적을 가지고 인문고전을 읽어야 한다.

우리는 살아가다 벽에 부딪히는 일이 종종 발생하기도 한다. 그럴 때마다 누군가의 도움이 간절해진다. 주변 사람들을 찾아가 푸념을 늘어놓고 싶기도 하지만 결국 사람들은 혼자 해결하려는 경향이 있다. 그럴 때 우린 책을 많이 찾는다. 오랫동안 많은 사람들에게 사랑받았던 책이라면 적절한 해결책과 길을 알려줄지도 모른다. 그러나 어떤 책이 내게 좋은 책이며, 나에게 도움을 줄지는 아무도 모른다. 이러한 상황에서 인문고전은 우리에게 길잡이 역할을 해준다. 간혹 몇 사람들은 '2천 년 전의 이야기가 우리에게 무슨 도움을 주며, 빠르게 변해가는 현대에 왜 아직까지 과거에 묶여있느냐' 라고 말할 수도 있다. 하지만 고전을 통해 과거 현명한 누군가의 생각을 들어 볼 수 있고 현재에 사는 우리의 문제를 해결하는 열쇠가 될 수 있다. 그렇기에 고전을 읽는 것은 중요하고 우린 선대 조상들이 남겨 놓은 기록들에 후대 사람들의 새로운 생각을 더함으로써 시간이라는 새로운 가치를 만들어 내는 것이다.

사람들은 고전을 꼭 읽어야 한다고 이야기한다. 『고전혁명』이라는 책의 저자는 '천 권의 책 보다 한 권의 고전이 더 낫다.'라고 말한다. 많은 시간을 들여 책을 읽을 바엔 고전 한 권을 읽음으로써 비용도 절약하고 효율성을 찾겠단 셈이다. 제대로 읽은 고전 한 권이 웬만한 책들보다 나을 순 있겠지만 정말 그 뜻을 정확히 이해하고 고전을 읽는 사람은 많지 않다. 과거엔 현재와는 다른 언어와 상황을 가지고 있었기 때문에 고전을 완벽하게 이해하는 건 사실 많은 시간과 노력이 든다. 그런데도 사람들이 고전을 읽는 이유는 지혜의 깊이와 질을 높이는 데에 고전만 한 게 없다는 오랜 믿음이 있었기 때문이다. 이를 꼬집어 한 문화연구자는 '현재 인문고전을 대표하는 칸트, 공자 등 옛 사상가들의 책조차 과거엔 신간이었다'고 말한다. 생각해보면 이 말도 틀린 말은 아니다. 분명 고전이 주는 깨달음은 다른 것들이 채워줄 수 없다. 하지만 지금 나오는 책들이 미래에는 고전이 될 것이고 후대 사람들은 우리의 책에서 이치를 얻어갈 수도 있을 것이다. 그래서 우린 책의 효율성만을 따지는 것이 아니라 책에서 배우는 배움을 중요시해야 한다. 고전 또한 고전을 통해 배운 것을 단지 아는 데에서만 그치지 말고, 그것을 바탕으로 현실에 대입해 문제를 풀어가야 한다.

결국 고전을 읽는다는 것은 과거에 있던 일들을 현재의 상황에 맞게 해석해 내면서 문제를 풀어가는 것을 의미한다. 마침내 우리는 인문고전을 읽음으로써 자신이 직접 경험하지 못했던 일들을 인문고전을 통해 배우고 문제를 해결하면서 사회를 보는 눈을 키울 수 있게 된다. 경험은 돈을 주고도 살 수 없지만 우리는 고전을 통해 사회를 바라보게 되고 더 나아가 타인에게 기대지 않고도 당당한 자신의 권리를 찾을 수 있게 될 것이다.

(학생의 에세이를 재구성)

02
Chapter

<길가메시 서사시>

학습목표

1. 〈길가메시 서사시〉를 읽고 이해한다.
2. 〈길가메시 서사시〉에 대해 토론한다.

1. 〈길가메시 서사시〉의 배경

지은이를 알 수 없는 〈길가메시 서사시〉는 기원전 2750년경 우루크 왕이었던 길가메시를 주인공으로 한 작품으로 현존하는 세계 최초의 서사시이다. 길가메시는 〈수메르열왕기〉에 우르크 제1왕조 제5대 왕으로 기록된 영웅이다. 그에 관한 이야기는 메소포타미아 지역에서 수천 년에 걸쳐 구전되어 내려온 전설과 신화들이 얽혀 후대로 전승되었다.

기원전 1900년경에서 1600년에 이르는 기간 공안 고(古) 바빌로니아에서 길가메시와 관련된 신화들이 체계적으로 엮였고, 기원전 1100년경 신레케운니니(Sinlequnnini)라는 시인이 길가메시에 관한 전설을 아카드어로 편집해 한 편의 서사시로 만들었다.

세계 4대 문명 발상지 가운데 유프라테스와 티그리스 강 사이에 자리 잡은 메소포타미아 지역은 가장 오래된 인류 문명의 발상지이다. 메소포타미아 문명은 수메르 왕국에서 시작해 북부의 바빌로니아, 아시리아 왕국으로 이어졌다. 수메르족은 이라크 남쪽 지역에 정착해 메소포타미아 문명의 기초를 열었다. 1년을 열두 달, 하루를 24시간으로 하는 태음력과 한 시간을 60분, 1분을 60초로 나눈 60진법 원을 360도로 나눈 것은 모두 수메르 문명에 그 기원을 두고 있다. 기원전 3300년경, 지금까지 알려진 문자 중 가장 오래된 문자인 설형문자(楔形文字)가 메소포타미아 남부의 수메르 도시국가 우루크에서 처음으로 등장하기도 했다. '설형'이란 '쐐기 모양'이라는 뜻으로 글자의 모양이 쐐기처럼 생겨서 붙여진 이름이다. 설형문자를 쓰는 데 종이 구실을 한 것은 점토판이었으며, 갈대 줄기나 뼈 등이 펜 구실을 했다. 점토판은 햇볕에 말리거나 가마에 구워 보관했다.

〈길가메시 서사시〉는 니네베(Nineveh)에 있는 아시리아의 왕 아슈르바니팔(BC 668-627년 재위)의 왕궁 서고에서 출토된 12개 점토판에 새겨진 서사시이다. 전체 300행 중 소실된 부분이 많아, 학자들이 부분적으로 전해진 여러 판본으로부터 전체 내용을 복원했다.

설형문자인 아카드어로 기록된 이 점토판은 일명 '바빌로니아 표준판'으로 알려졌다. 영국의 스미스(George Smith)가 1872년, 니네베에서 출토되어 1853년 대영박물관으로 옮겨진 점토판들에서 대홍수 이야기가 새겨진 점토판을 찾아내 발표하면서 〈길가메시 서사시〉의 존재가 세상에 알려지게 되었다. 이후 1930년 고전학자 톰슨(Campbell Thompson)의 편집본 출판을 통해 널리 알려졌다. 대부분의 번역은 '바빌로니아 표준판'으로 명명된 12개의 점토판을 근거로 한다. 이들 점토판 가운데 대홍수를 기록한 창세기 11번째 점토판은 성경의 창세기에 기록된 대홍수와 노아의 방주 이야기와 유사한 내용을 보이고 있다.

메소포타미아 신화에 등장하는 신들은 그리스 · 로마 신화처럼 동일한 신들이 다른 이름으로 재현된다. 수메르 신화에서 신들의 아버지인 안(An)은 바빌로니아 신화에서는 아누(Anu)로, 지혜의 신 엔키(Enki)는 에아(Ea)로, 산파의 여신 닌투(Nintu)는 아루루(Aruru)란 명칭으로 불린다. 바람의 신 엔릴(Enlil)을 포함한 이 네 창조신이 인간들을 창조하고 지배했다.

고대 메소포타미아 사람들은 인간을 압도하는 자연의 힘이 우주 만물을 지배하고 통재하고 있다고 생각했다. 그들은 자연계에 있는 것들을 신적인 존재로 숭배했다. 메소포타미아 신화에서 천신 아누는 신들의 아버지이다. 그러나 신과 인간에 대해 실질적인 권력을 행사하는 것은 아누의 아들인 엔릴이다. 메소포타미아 신화에서 엔릴의 위치는 그리스 신화의 제우스와 유사하다. 신들의 왕 엔릴은 대기의 신, 바람의 신, 대홍수 이전의 도시인 니푸르(Nippur)의 수호신이다.

2. 〈길가메시 서사시〉의 이야기

길가메시 : 우르크의 왕

엔키두 : 길가메시의 가장 친한 친구

닌순 : 길가메시의 어머니로 야생 암소의 여신

샴하트 : 엔키두를 문명 세계로 이끄는 성창(聖娼)

훔바바 : 삼나무 숲을 지키는 산지기

시두리 : 바닷가 술집 여주인

우르샤나비 : 죽음의 강을 건네주는 뱃사공

우트나피슈팀 : 방주를 만들어 대홍수를 피한 현자(賢者)

이슈타르 : 하늘과 땅의 여왕, 사랑과 전쟁의 여신

아누 : 신들의 아버지인 천신(天神)

엔릴 : 신들의 왕으로 대기와 바람의 신

에아 : 지하 심연(深淵)에 사는 지혜의 신

샤마시 : 길가메시를 돕는 태양신

아루루 : 엔키두를 만든 산파의 여신

이야기는 총 11가지 주제로 전개된다.

1) **영웅 길가메시와 엔키두**
2) **길가메시와 엔키두의 만남**
3) **삼나무 숲 원정 계획**
4) **길가메시의 꿈과 삼나무 숲 진입**
5) **산지기 훔바바와의 대결**
6) **이슈타르의 분노와 하늘 황소**
7) **엔키두의 꿈과 저승**
8) **엔키두의 죽음과 길가메시의 애도**
9) **영생불사의 꿈을 찾아서**
10) **죽음의 바다를 건너서**

11) 대홍수 이야기와 회춘초입니다.

그중 첫 번째 이야기는 다음과 같다.

길가메시의 행적을 고하노라!
길가메시, 이 세상 모든 걸 알았고
모든 일들을 경험했던 사람이다!
모든 문제에 현명했던 사람이다!

천신(天神) 아누, 길가메시에게
모든 걸 알 수 있는 지혜를 주셨다!
길가메시, 대홍수 이전의
숨겨진 비밀을 밝혔던 사람이다!
길가메시, 지친 몸을 이끌고
세상 끝까지 고된 여행을 했던 사람이다!
우루크로 다시 돌아와 평화를 얻고
석주(石柱)에 고난의 여정을 새겼노라!
(중략)

3분의 2는 신으로 3분의 1은 인간으로 태어난 그,
태어났던 그날부터 '길가메시'로 불렸다!
위대한 창조의 여신 아루루가
길가메시 그의 형상을 디자인했고
길가메시의 모양을 만들었노라!

일계라는 이질적인 요소의 결합 속에서 태어나 어디에도 소속하지 못한다는 아웃사이더 의식에 사로잡혀 있었다.

그의 문학은 고전적인 미학이 붕괴되고 새로운 형이상학적인 미학이 대두하게 된 20세기 초, 인간 존재의 문제가 예술 영역 특히, 문학의 분야에서 크게 대두하게 된 시기에 탄생하였다. **그는 무엇보다도 인간 운명의 부조리성, 인간 존재의 불안과 무근저성을 날카롭게 통찰하여, 현대 인간의 실존적 체험을 극한에 이르기까지 표현하였다. 그는 문학적 표현을 통해 자신의 내면세계를 해방시킴으로써, 삶의 의미를 찾으려고 했을 뿐 아니라 직업인으로의 자신과 작가로서의 자신의 부조화로 인한 이중생활에 대해서 끊임없이 고민하고자 하였다.** 카프카에게 있어서 글을 쓴다는 것은 그가 처했던 암울한 상황과 그와는 너무나 다른 아버지로부터 벗어날 수 있었던 유일한 길이었다. 또한 자아실현을 위한 길이며, 살아보지 못한 삶에 대한 대용물이기도 했다.

2. 〈변신〉의 의미

카프카의 『변신』은 주인공 그레고르가 꿈에서 깨어난 장면에서부터 시작된다. 작가는 작품의 이해를 돕기 위해 내적 독백을 이용했고, 인물의 내면 심리를 묘사하는 데는 체험 화법을 이용했다. 체험 화법은 인물의 착상, 결정, 계획, 반성, 고뇌, 회의 등이 표현되며, 독자로 하여금 작중 인물에게 눈을 떼지 않고 그 인물이 처한 상황에 직접적으로 개입하여 결과적으로 어떠한 태도를 취할 것인지에 대해 끊임없이 답변을 유도하는 역할을 한다.

카프카는 부모가 온종일 상점에서 일했기 때문에 소년 시절에 외톨이로 지냈으며, 가장 가깝게 느꼈던 어머니의 사랑을 받지 못하였다. 어머니는 상점에서 온종일 남편을 돕다가 저녁이면 카드놀이 상대가 되어 주었고, 그의 판단과 편견을 무비판적으로 수용했는가 하면 아들의 창작 작업에 대해 작은 관심도 보여주지 않았다. 카프카에게 비친 어머니 상은『변신』에 그대로 보인다. 카프카의 아버지는 다혈질적이고 공격적인 성격을 가지고 있었는데, 카프카는 이러한 면을 역시『변신』에 적용시킨다.

〈변신〉은 작가에 의해 세 부분으로 나누어지는데, 구체적으로 살펴보면 다음과 같다.

1장에서는 변신으로 인한 그레고르의 직무 수행 불능의 상황과 그로 인한 가족의 충격이 묘사된다. 또한 그레고르의 의식의 흐름을 따라 변신의 개인적 원인 및 사회적 배경이 암시되고 있다. 2장에서는 가족들로부터 격리되어있는 그레고르의 내적 · 외적 상황이 묘사되며, 3장은 그레고르의 죽음 및 남은 가족의 새 생활에 대한 암시로 이루어져 있다.

1장은 주인공 그레고르가 하룻밤 사이에 갑자기 한 마리의 벌레로 변하는 충격적인 장면으로 시작된다. '나에게 무슨 일이 일어난 거지?'라고 그는 자신에게 묻는다. 이러한 혼란한 상황에서 출근 시간이 지체되자 가족들은 문 밖에서 그가 일어나기를 기다리고 있다. 그레고르가 그의 가족의 생계 전부를 담당하고 있으므로 식구 모두가 이같이 그의 출근에 신경을 쓸 수밖에 없다. 아직 문을 잠근 채로 방안에 누워있던 그레고르는 어머니의 물음에 대답하려고 했을 때에 비로소 자기에게 언어 장애가 있다는 것, 즉 자기 말에 찍찍거리는 소리가 섞여서 남들이 분명하게 들을 수 없다는 것을 알게 된다. 그러나 그는 자기 몸에 일어난 변화가 시간이 지나면

없어지는 일시적인 것으로 착각하며 음성 변화는 외판원의 직업병에 불과하다고 확신하고, 그 점을 조금도 의심하지 않았다. 결국 출근이 늦어지자 결근의 이유를 조사하러 온 지배인의 근무태만에 대한 질타의 말은 그레고르를 흥분시킨다. 이어 어머니와 아버지가 그를 치료할 의사와 방을 열어줄 자물쇠공을 데리러 사람을 보내자 그레고르는 자신이 다시 사람 축에 끼이게 된 느낌이 들어 용기를 내어 문을 연다. 벌레로 변한 그레고르가 시도해 보는 여러 가지 몸의 동작은 인간의 의식에 근거를 두고 있음을 작품 곳곳에서 발견할 수 있다.

> 우선 그는 하반신을 침대 밖으로 내밀려고 했다. 그러나 그가 볼 수 없고 그것이 어떤 모양으로 생겼는지 짐작할 수도 없는 하반신은 움직이기에 너무 무겁다는 사실을 그는 깨달았다. 그가 매우 힘들게 움직였을 때 그 사실을 깨달았다.(중략)
>
> 동시에 그는 그러면서도 절망적인 결심보다는 침착하고 냉정하게 숙고하는 것이 훨씬 좋다고 생각하는 것을 잊지 않았다.(중략)

계속되는 사건의 묘사 속에서 그레고르의 동물적인 형상과 자신을 여전히 사람이라 여기고 그가 속해 있던 가족의 일원으로 여기는 생각의 대립은 더욱 강화된다. 즉 내적으로는 전과 같은 동일한 인간으로서 그레고르는 그의 변신을 우연한 그리고 곧 정상으로 되돌아갈 사건으로 생각하지만, 사람들은 그의 동물적 외형 때문에 더 이상 인간으로 취급하지 않는다.

이처럼 1장은 그의 변신 이후 불과 몇 시간 동안에 일어났던 일들을 그리고 있다. 마지막은 그레고르가 부친의 위협 속에서 옆구리에 상처를 입으며 자신의 방에 감금되는 일로 마무리된다.

2장에 묘사되는 사건이 비교적 긴 시간에 걸쳐 일어나는 이유는 그레고르의 삶의 태도가 점차 변화하는 것이 서술되기 때문이다. 1장에서 잠시 방 밖으로 나가 자신을 노출한 그레고르는 아버지의 강압으로 방에 되돌아와 계속 감금된 채로 있게 된다. 이제 그레고르의 변신을 알게 된 가족들이 밖에서 열쇠까지 채움으로써 그는 완전히 그들로부터 소외를 당하게 된다. 가족들의 경제적인 행복을 염려하고 누이동생을 음악학교에 보내려고 했던 그레고르의 계획이 이제는 아무런 소용이 없게 되자, 그에게는 슬픔과 고독만이 남게 될 뿐이다. 그레고르가 비록 자신의 가족에 의하여 감금되어있다 하더라도 가족을 걱정하는 그의 마음에는 변함이 없었다. 그는 가족에게 어떻게 행동해야 하는지를 오랫동안 생각한 끝에 식구들을 더 이상 마음 상하게 하는 일이 없도록 최선을 다하겠다는 결심을 하게 된다.

> 그는 밤새도록 거기에 있었다.(중략) 지금으로서는 조용히 처신하고 인내심을 갖고 신중히 지금의 상태 때문에 야기된 불쾌한 일들을 가족들로 하여금 견딜 수 있도록 해주어야 한다는 것이었다.(중략)

가족들을 자극하는 일이 없도록 하려는 그레고르의 노력은 여동생에 대한 그의 태도에서 구체화된다. 여동생이 그레고르의 식사 시중을 들기 위해 방에 들어왔을 때 그는 소파 밑에 숨는다. 누이동생은 오빠가 좋아하는 것을 시험해 보려고 여러 가지 음식을 가져다준다. 그러나 시간이 지나면서 그레고르를 돌보는 동생의 태도에 변화가 생기는데, 이 변화는 그녀가 어머니와 함께 그레고르의 방을 정돈할 때에 2장의 절정을 이루면서 새로운 파국으로 치닫는다.

사건의 발단은 여동생이 그레고르의 방에 있는 가구들을 치우는 것에서 시작한다. 그녀는 그가 온 방안을 기어 다니는데 재미를 붙이게 되었음을 알고 기어 다니는 공간을 최대한으로 늘려 주려고 그의 방에 있는 가구를 치운다. 그레고르는 처음에는 가구를 옮기는 것이 좋다고 여겼지만 어머니의 말씀을 듣고는 생각이 달라져 방의 가구를 치우지 못하게 한다. 어머니는 그레고르가 다시 원래의 상태로 회복되었을 때 모든 것을 예전대로 볼 수 있게 해 주고, 또 그럼으로써 이 악몽 같은 일을 보다 쉽게 잊게 해주려고 했던 것이다. 따라서 자기의 과거를 망각하지 않으려고 결심한 순간 그레고르는 뛰어나와 벽에 걸려있는 그림에 달라붙는다. 그러나 그레고르의 그러한 행위는 가족 전체와의 충돌을 불러일으키게 되는데, 그의 행동을 본 어머니는 그 자리에서 기절을 한다. 그때 돌아온 아버지는 어머니가 기절하고 그레고르가 방에서 뛰쳐나왔다는 소리를 여동생으로부터 듣고는 화를 낸다. 그레고르가 아버지의 화를 풀고자 자기의 방으로 들어가려 하자, 아버지는 그레고르를 향해 사과를 던진다. 그중의 사과 하나가 그레고르의 등에 박혀 상처를 입히는데, 이 상처는 그의 죽음의 직접적인 원인이 된다. 이 사건은 식구들과 그레고르의 관계를 악화시킨다. 액자에 달라붙은 그레고르를 보고 어머니가 기절하자 여동생은 주먹을 들고 '그레고르!'라고 외쳤다. 아버지가 그러했듯이 여동생도 주먹으로 적의에 찬 태도를 나타내는 것이다. 아버지는 그레고르가 죽는다 해도 사과를 던질 작정이었는지도 모른다.

3장에서는 생활고에 시달리고 일에 지친 가족들의 새로운 상황이 묘사되고 있다. 가족의 경제적 조력자로서의 위치를 상실한 그레고르에 대한 가족들의 무관심과 냉대가 점점 심해짐에 따라 그의 내면의 소외 상태는 더욱 깊어지게 된다. 아버지는 근무복도 벗지 않고 지쳐서 의자에 잠들어 있고, 어머니는 밤늦도록 삯바느질을 하며, 점원으로 취직한 누이동생은 더 좋은 일자리를 얻기 위해서 공부를 하고 있다. 가족이 이렇게 생업에 열중하다 보니 그레고르에게 신경 쓰기가 점점 어려워지고, 가족이 그에게 관심을 기울이지 않고 그를 점차 잊어간다는 사실은 그의 생존의 지속이 어렵게 되었음을 의미한다.

그레고르의 가족이 겪는 궁핍함은 그들이 생계를 돕기 위해 들여놓은 세 명의 하숙인들에 의해서 더욱 두드러지게 나타난다. 어느 날 저녁 그레고르의 부모는 하숙인의 환심을 사기 위해 딸에게 바이올린을 연주하게 한다. 누이동생의 음악성이 오락거리로 전락하는 데에 분노를 느낀 그레고르는 순수한 음악 세계를 그들로부터 지키고자 그 연주회 속에 뛰어든다. 그레고르의 출현에 불쾌감을 느낀 하숙인들은 계약을 취소하겠다고 그의 가족들을 위협한다. 이에 누이동생은 그레고르의 의도는 전혀 짐작하지도 못한 채 오히려 그에게 분노한다. 그레고르의 가족들은 벌레와 인간이 함께 살 수 없을뿐더러, 그보다도 벌레가 가정 속에 파고들어 가정을 파괴하고 가족들을 추방하기 전에 먼저 벌레인 그레고르를 없애버릴 것을 결의한다.

한편 그레고르 역시 아버지가 던진 사과로 인하여 상처가 계속 악화되어 삶의 한계점에 이르게 된 것을 알고 죽음을 기다린다. 그레고르의 죽음으로 가족들은 그들을 괴롭혔던 고통에서 해방된다. 주인공 그레고르가 죽은 후의 작품의 마지막 부분에는 어두웠던 지난날을 떨쳐버리고 홀가분한 마음으로 교외에 나가는 가족들이 묘사된다. 이 묘사를 통해 볼 수 있는 그레고르 가족이 미래를 그리는 밝은 전망은 그레고르의 변신 그리고 죽음과는 강한 대조를 이룬다.

3. 토론하기

1) 왜 하필 벌레였을까?

2) 가족 중에 누가 벌레가 된다면? 내가 벌레가 된다면?

3) 그레고르의 죽음에 가족의 책임이 있을까?

4) 가족의 의미는 무엇인가?

5) 외로움은 외면으로부터 오는 것인가. 내면으로부터 오는 것인가?

6) 그레고르의 변신은 긍정적인 의미인가? 부정적인 의미인가? 변신의 의미는 무엇인가?

7) 인간소외 현상과 극복방안은?

4. 독서감상문 작성하기

아래 두 편의 글은 〈변신〉을 학습한 학생들이 작성한 감상문이다. 이를 참고하여 〈변신〉에 대한 독서감상문을 작성해 보자.

우리 주변에는 그레고르가 없는가

어릴 때 '변신'이라는 책 제목이 인상 깊어 책을 집었다가 사람이 바퀴벌레로 변한다는 내용이 충격적이어서 기억에 남았다. 이후 수업에서 토론 주제로 다루게 되었고 수업을 위해 다시 읽어보니 어릴 때는 생각하거나 느끼지 못했던 부분들에 대해 고민할 수 있게 되었다.

이 책을 쓴 저자 프란츠 카프카는 자수성가한 유대인이었던 아버지의 기대를 채우지 못하고 공무원과 소설가로 지내다 결핵으로 생을 마감했다. 이 사실을 알고 난 후 책의 내용을 다시 생각해 보니 바퀴벌레로 변한 그레고르의 이야기가 사실은 카프카 본인의 이야기가 아닐까라는 생각이 들었다.

내가 가장 중요하게 여긴 부분은 가족들이 주인공을 대하는 태도의 변화이다. 특히 여동생과 아버지의 태도를 예로 들자면 여동생은 처음 주인공이 바퀴벌레로 변했을 때에는 그가 좋아할 만한 음식들을 생각하고 그의 건강을 걱정하는 등 그레고르의 안위를 생각했다. 하지만 시간이 흐르자 여동생은 그레고르가 자신들의 집에서 사라져야 하는 존재라고 말했다. 그리고 만약 저 생명체가 자신의 오빠라면 가족들을 위해 집을 떠났어야 했다며 바퀴벌레는 자신의 오빠가 아니라고까지 했다. 또한 아버지는 주인공에게 사과를 던져 그의 몸에 박히게 하여 주인공이 삶의 의욕을 잃게 만들고 결국 죽음에 이르게 한 결정적인 행동을 했다.

가장 충격적이라고 생각했던 장면은 주인공이 죽었을 때 주변인들의 반응이다. 가장 처음 그레고르의 죽음을 발견한 가정부는 매우 기쁜 소식을 전하는 듯이 가족들에게 주인공의 죽음을 전했다. 그리고 가족들은 자신들이 불행했었던 이유가 그레고르였다는 듯이 그의 죽음을 행복해하며 그가 없는 자신들의 미래를 그렸다. 이는 가정부와 가족들이 변신한 그레고르를 존중하지도 인간 혹은 생명체로 생각하지도 않았다고 파악되는 장면이라고 생각한다.

병이나 사고 등의 이유로 더 이상 건강한 모습이 아니게 되었을 때 주변인들이 그들을 대하는 태도를 서술하고 그러한 사회를 비판하기 위해 쓴 책이라 생각한다. 이러한 모습들은 현대 사회에서도 볼 수 있다고 생각하는데 쉽게 상반되는 예를 들자면 사업에 실패한 사람에게는 차갑게 대하고 무시하는 등의 태도를 취하지만 성공한 사람에게는 인연을 이어가려고 갑자기 연락하거나 아부하는 경우를 볼 수 있다. 이는 인간의 양면성과 이기심을 보여주는 것이다. 이 책은 우리가 급격히 상황이 악화된 주변인에 대해 어떤 반응을 취할 것인지 진지하게 생각하도록 돕는다는 점에서 의미가 있다고 생각한다.

(A학생의 감상문을 재구성)

우리가 삶에서 잊어버린 것들에 대하여

카프카(1883-1924)는 체코계 유대인이자 독일어를 쓰는 사람이다. 그는 남부 보헤미아 지방의 프롤레타리아 출신의 체코계 유대인인 헤르만 카프카와 부유하고 교양 있는 독일계 유대인의 시민계급 출신인 율리에 카프카 사이에서 태어났다. 그가 나이 두 살, 네 살 때 동생 게오르크와 하인리히가 태어났지만 곧 죽었다. 어린 시절 아버지와의 불화와 게오르크와 하인리히의 죽음은 카프카에게 불안을 주기에 충분했다. 이후 그는 아버지로 인해 독일계 학교에 입학하게 된다.

19세기 후반과 20세기 초반의 수많은 발명들은 제2차 산업혁명이라 불리며 염료,

자동차, 전기, 통신 산업 등을 창출했다. 이 시기에 카프카는 보헤미아 왕국 노동자 상해 보험 회사에서 법률고문으로 근무하며 노동자들의 비참한 생활상을 봤다. 그들이 한 개인으로서의 가치를 지닌 존재가 아니라, 그저 하나의 부품으로 소모되는 잔혹한 현실을 보았다. 그들 스스로가 그 현실에서 벗어나지 못하고 구속되어 있는 것을 보았다. 그들 스스로가, 또 사회가 그들이 인간임을 잊어버린 것을 보았다. 하지만 카프카는 이에 절망하고 삶을 포기하지 않았다. 대부분의 사람들이 카프카의 창작 활동을 탈출구라고 생각하지만, 나는 그가 현실에서 벗어나기보다 현실을 통제하고, 맞서는 노력을 했다고 생각한다.

Ramirez&Beilock(2014)의 연구에 따르면 표현적 글쓰기(감정을 글로써 묘사)는 불안 등의 부정적 감정을 통제하는 것에 효과가 있다. 이 연구가 뜻하는 바는 자신이 느끼는 바를 글로써 표현하는 것만으로도 자신의 감정을 통제할 수 있다는 것이다. 또한, 카프카는 원래 자신의 책을 출판할 의향이 없었다. 그리고 그는 죽기 전 유언으로 친구에게 자신이 쓴 글을 불태워 달라고 부탁한다. 나는 이 때문에, 그의 글을 현실에 대한 고발보다는 절망에서 벗어나려는 한 개인의 노력으로 본다. 그리고 그 대표작으로 〈변신〉이 있다고 생각한다.

〈변신〉은 어느 한순간 벌레로 변신해 버린 한 남자의 이야기다. 벌레로 변해버린 그를 대하는 가족들의 태도 변화와 그런 가족들을 바라보는 그레고르의 독백이 책의 주 내용이다. 주인공 그레고르는 변신하기 전까지 은퇴한 아버지를 대신에 가족의 생계를 책임지던 가장이었다. 하지만 변해버린 몸으로 더이상 일을 할 수 없었고, 이 때문에 그들 스스로 생계를 책임지게 된 가족들은 이내 주인공을 더이상 가장 그레고르로 생각하지 않는다. 후에 그레고르는 죽음을 맞이하며 가족들은 이것을 길조, 축복 등으로 여긴다. 이 때문에 나는 이 책의 제목 〈변신〉을 보고 다시 생각해 보았다. 과연 변한 것은 누구일까라는 생각이 들었다.

〈변신〉을 읽어보았다면 누구나 주인공의 몸이 벌레가 된 것을 변신이라고 생각한다. 하지만 변한 것은 그레고르만이 아니다. 그레고르가 먼저 벌레로 변하자 가족들의 태도가 변했고, 그들의 생활이 변했다. 그레고르는 원래 아버지를 대신하여 가장의 역할을 훌륭히 수행하던 사람이었다. 하지만 이내 벌레로 변해버린 모습을 발견 당하고부터 가족들은 그가 한 가정의 가장임을 잊어버린다. 그래도 초기에는 그들은 가족의 구성원으로 그레고르를 받아들이고 있었다. 하지만 시간이 지날수록 여동생이 그를 쇠똥구리라고 부르다가, 결국엔 부모에게 "이게 오빠라는 생각을 버리셔야 해요"라고 말한다. 그렇게 그레고르는 버림받아 죽는다.

그레고르가 죽은 이유는 무엇 때문일까? 아버지가 던진 사과나, 밥을 주지 않아 굶은 것이 사인일 테다. 그렇다면 그레고르가 죽어야 할 이유는 뭘까? 가족들이 그레고르를 더 이상 일원으로 받아들이지 않은 이유는 무엇일까? 가족들은 그레고르에게 의지해 살아왔지만, 더 이상 도움을 받지 못하는 상황에 처한다. 생계가 점점 어려워짐과 동시에 그레고르에게 대하는 여동생의 태도도 변한다. 여동생이 그레고르를 부르는 호칭은 오빠에서 쇠똥구리로, 마지막은 동물이 된다. 그리고 여동생은 저 벌레를 더 이상 그레고르라고 생각해서는 안 된다며 그가 이 불행한 현실을 가져왔다는 듯이 소리친다. 하지만 정말 아이러니 한 점은 분명 누이동생은 그레고르가 하숙인들을 쫓아낸다고 했지만 정작 후에 하숙인들을 내쫓는 것은 아버지이다.

그레고르가 죽고 나서 현실이 변한 것은 없다. 하지만 그들이 보는 세상에서 그레고르가 사라진 것 하나만으로 가족들은 새로운 꿈과 좋은 계획을 확증을 느낀다. 그들이 느끼는 현실은 확실히 변했다. 사실 그들이 변한 이유는 그레고르가 몸이 변해서가 아니다. 그들에게 있어 더 이상 그레고르는 든든한 버팀목이었던 '가장' 그레고르가 아니기 때문이다. 그레고르가 죽어야만 했던 이유는 그들에게 있어 그레고르가 어떤 사람이었는지 잊었기 때문이다.

하지만 그레고르는 그의 가족과는 다르게 최후에 그의 콧구멍에서 마지막 숨이 약하게 흘러나올 때까지도 감동과 사랑으로써 식구들을 회상했다. 그들을 원망하고, 자신의 신세를 한탄하기보다 가족들의 안위를 걱정했다. 그레고르는 가족이 자신에게 있어 어떤 사람들이었는지 잊지 않았다. 기차 시간에 맞춰 이른 시간부터 일어나는 고달픈 일을 했지만, 그는 누이동생에게 바이올린을 사줘야겠다는 생각으로 행복해했다. 벌레가 되고 나서도 자신의 안위보다 일을 나가지 못한다는 불안을 먼저 느꼈다.

더 이상 돈을 벌 수 없게 되었을 때 아버지가 숨겨놓은 비상금이 있다는 사실을 알았지만, 원망하지 않고 오히려 다행스럽다고 생각했다. 항상 심약한 어머니를 걱정하며 자신의 모습을 드러내는 것에 조심스러웠다. 그는 자신이 가족에게 있어 버팀목이라는 사실이 자랑스러워했다. 그에게 있어 현실은 달라진 것이 없었다. 여전히 가족들은 든든한 버팀목을 필요로 했으며, 자신은 책임을 짊어지고 일을 나가야만 했다. 달라진 것은 자신의 몸뿐이었다. 그는 마지막까지도 그레고르 그 자신으로 있었다. 정말로 '변신'을 한 것은 벌레가 되어버린 그레고르가 아니라 그레고르를 잊은 가족이다.

그레고르의 가족들은 자신의 가장 소중한 사람을 잊었다. 그 결과로 그레고르는 비참한 최후를 맞이한다. 하지만 그레고르는 스스로를 비참하게 여기지 않았다. 오히려 그는 죽기 직전 텅 비고 평화로운 숙고의 상태였다. '그가 없어져 버려야 한다는 데 대한 그의 생각은 아마도 누이동생의 그것보다 한결 더 단호했다.'는 서술을 보아, 그는 '가장' 그레고르로서 끝까지 가족을 위해 죽는다. 그는 자신이 그레고르임을 잊지 않았고, 한 가족임을 잊지 않았다.

우리는 살면서 많은 것을 잊는다. 그것은 물통이나, 볼펜처럼 사소한 것일 때도 있고, 친구나 연인, 가족의 생일처럼 중요한 것일 때도 있다. 하지만 우리는 이런 일들을 아무런 이유도 없이 잊어버리지 않는다. 흔히 바쁜 일상을 살아가며 잘 잊어버린다. 직장에 치여, 학교에 치여, 이리저리 치이다 보면 어느새 깜빡 잊은 것조차 모른다. 우리가 보고 있는 현실이란 풍경에 그 사람들을 두지 않는 이상 우리는 반드시 잊어버릴 것이다. 하지만 우린 그렇게 되어선 안 된다. 그레고르의 가족처럼 그레고르를 잊어서는 안 된다. 오히려 그레고르처럼 자신이 어떤 사람인지, 내 주변에 어떤 사람들이 있는지, 또 자신이 주변에 어떤 사람으로 여겨지는지 기억해야 한다. 왜냐하면 아무도 자신의 소중한 사람들이 현대 사회의 버림받은 소외자가 되는 것을 원치 않기 때문이다. 지금이라도 자신을 돌아보자 나는 지금 누구를 잊어버렸을까? 누가 나를 잊었을까?

(B학생의 감상문을 재구성)

제목 :

04 Chapter

<아Q정전>

학습목표

1. 〈아Q정전〉을 읽고 이해한다.
2. 〈아Q정전〉에 대해 토론한다.

1. 작가 루쉰

〈아Q정전〉 작가인 루쉰의 본명은 주수인이며, 1881년 절강성 소흥에서 태어났다. 몰락한 봉건 사대부 가정에서 자란 그는 훌륭한 전통문화의 교육을 받았다. 루쉰이 소흥의 삼미서옥에 다니는 유소년 시절에 조부의 투옥과 부친의 와병이 있었다. 그 당시 조부는 북경에서 내각중서의 벼슬을 하고 있었으며, 1894년 서태후의 환갑이 되는 해에 은과라는 향시가 가을에 실시되었다. 이때 루쉰의 아버지를 비롯하여 몇 사람의 연고자들이 응시했는데, 조부와 같은 해에 진사시험에 합격했던 사람이 시험관으로 있어서 조부가 시험관에게 합격을 부탁했다는 것이 문제가 되었다. 과거는 천자의 절대 권력을 지키는 지주적 역할을 하는 관료제도의 체계로서 부정사건은 엄벌에 처하는 것이 상례였다. 어떤 경우에는 수십 명이 사형을 받는 일도 있었다고 한다. 하지만 청나라 말기에는 조정의 통제력도 많이 허술해진 데다가 부정사건도 많아진 탓으로 심한 처벌은 받지 않았다. 이것으로 루쉰의 조부도 즉각적인 처형을 면제받아 참감후로 항주에 있는 감옥에 계류되었다. 이 사건 이후에 소강에서 곤궁으로 몰락하는 세태를 깊이 깨닫게 되었으며, 자신의 출신 계급에 대하여 반발심을 갖게 되었으나 전혀 아쉬워하지 않았다고 한다.

한편 집안의 소란이 어린아이에게 나쁜 영향을 미칠 것을 걱정한 부모의 배려에 따라 루쉰 형제는 어머니의 친정집으로 가게 되며, 농촌에 있는 외조모의 집은 그가 아직 '독서인'으로 육성되기 전에 중국 인구의 대다수를 점유하는 농민과 접촉하는 계기가 되었다. 당시에 농민의 삶은 궁핍하고 고통스러웠으며, 우매하고 광포한 사회적 현상에 그저 참고만 있을 뿐이었는데 루쉰에게 이러한 것들은 깊은 인상을 남겼다. 1898년 그는 집을 떠나 학업을 위해 남경의 강남수사학당에서 영문과 고문을 배웠으며, 이듬해 광무철로학당에서 독일어, 물리학, 수학, 지질학, 광물학 등 신지식들을 접하면서 서구의 신문학에 눈을 떴다.

루쉰과 동생 주작인은 함께 남경수사학당에서 한동안 공부한 후에 정부 장학금으로 일본으로 유학을 떠났다. 루쉰은 동포들을 돕기에 가장 적합하리라고 믿은 의학을 전공으로 선택하였으며, 대학 예과와 본과에서 의사경력을 위한 학업에 충실하면서도 서구문학과 철학에 심취해 있었다. 그때 벌써 일본어와 독일어로 서적을 읽을 수 있었다고 한다. 그는 니체(Nietzche)나 다윈(Darwin), 고골(Gogol), 체홉(Chekhov), 안드리예프(Andreyev)와 같은 러시아 작가들의 작품을 읽었으며, 그들은 모두 작가와 사상가로서의 루쉰의 경력에 가장 결정적인 영향을 끼쳤다.

그는 1909년 중국으로 돌아와서 3년 동안 항주와 소흥의 중학교에서 생물학을 가르쳤고, 1912년 공화국이 성립되자 그는 교육부의 첨사직을 수락하고 북경으로 이사하였다. 루쉰은 첫 번째 북경 체류기간 동안 중국의 문학 전적연구에 몰두한 채 여전히 은둔자로 지내고 있었는데, 문학혁명으로 인해 그의 문학적 야망이 되살아났다. 일본에서 알게 된 전현동의 요청으로 루쉰은 『신청년』 1918년 5월호에 몇 편의 시와 단편소설 「광인일기」를 기고하였다. 루쉰은 자신의 작품을 통해 봉건 통치의 기본 이념을 구축하고 있는 윤리인 예교주의와 이를 토대로 한 봉건 가족제도, 그리고 이러한 봉건제도가 민중의 의식을 마비시키고 그들을 봉건사상의 굴레에 얽매이게 한다는 점들에 대해 고발하고 비판하였다. 즉, 루쉰은 작품을 통해 중국의 전통적인 유가 사상의 '인의도덕'이라는 가치를 '사람을 잡아먹는' 논리에 불과할 뿐이라고 인식하며 봉건체제의 기본적인 통치이념인 봉건적 예교 윤리가 실제적으로는 대대로 중국인들을 억압하고 말살하는 도구로서 존재한다고 여긴다.

「광인일기」 집필 이후 몇 달 동안 그는 『신청년』에 짧은 에세이, 즉, 당시 중국의 시국에 대한 논평과 감상 등을 썼고, 그것들은 나중에 잡감 또는 잡문이라는 명칭을 얻었다. 이를 발표한 후 연이어 「공을기」, 「약」 등의 작품을 발표하여 문학가로서의 자리를 굳혀나갔으며, 1920년에는 「고향」, 「아Q정전」을 발표하였고, 1922년에는 「단오절」, 「백광」, 「토끼와 고양이」 등을 발표하였다. 루쉰의 작품들은 후에 『납함』과 『방황』이라는 두 소설집으로 출판되었는데, 그의 소설은 신해혁명 시기부터 1920년대까지 중국 사회의 면모를 사실적으로 묘사하고 있어 중국 리얼리즘 문학의 선구적 역할을 하게 되었다. 1933년 소설집 『고사신편』을 발표하였고, 1936년에 근대 중국의 문학가이자 사상가로서 56세를 끝으로 생을 마감하였으나 눈을 감기 직전까지도 글쓰기를 멈추지 않았다고 한다.

2. 〈아Q정전〉의 내용

〈아Q정전〉은 신해혁명 시기의 농촌 생활을 제재로 하여 수 천 년 봉건 통치를 받으면서 중국 민족에게 심어진 노예적인 의식에서 젖어 있는 우매한 중국인의 비참한 운명을 사실적으로 묘사한 작품이다. 이 시기의 중국 농촌 생활상을 심각하게 파헤쳐 아Q라는 날품팔이의 운명을 비극적으로 묘사함과 동시에 중국 민족의 나쁜 근성을 지적하여 국민성을 각성시키려 하고 있다. 이 소설에서 루쉰은 중국과 중국 민족을 절망적으로 묘사하고 있다. 민족이 나아가야 할 길을 예견하고, 희망이 있는 방향을 제시하기보다는 오히려 궁지에 몰려 소외되고 탈락되고 짓눌린 자의 모습을 집요하게 그려낸 것으로 신해혁명 전후의 무기력한 중국인을 희화화한 작품이다.

〈아Q정전〉의 작품 구성은 모두 9장으로 되어 있으며, 전반에 걸친 내용을 정리해 보면 다음과 같다.

제1장은 한문학의 전통적인 전기형식에 근거하여 이야기 전개 형식이 아닌 고증 해설 형식을 취하고 있다. 이 '서'는 작가가 아Q의 전기를 쓰는 데 어려운 점들을 서술하면서, 첫째는 글의 제목이 그렇고, 둘째는 아Q의 성도 모르며, 셋째는 이름을 어떻게 쓰는 건지도 모르고, 넷째는 본적의 문제 또한 마찬가지라는 것이다. 이에 대해 루쉰은 다른 글에서 다음과 같이 말하고 있다.

> "아Q의 이미지는 아마 내 마음속에 꽤 이전부터 간직되어 있었던 것으로 여겨지지만 써 볼 생각이 일어나지 않았었다. 그런데 이 의뢰(즉, 손복원의 부탁)를 받고 갑자기 생각이 나서 당장 그 날 밤으로 붓을 들었다. 그것이 제1장의 '서'이다. 「개심화」라는 제목에 맞추다 보니 없느니만 못한 익살맞은 요소를 문득 생각나는 대로 덧붙였기 때문에 전체로 보면 조화롭지 못하다."

제2장에서 아Q는 집도 일정한 직업도 없이 날품팔이 일을 하며 마을 토지묘에서 산다. 마을 사람들은 일을 시킬 때나 놀림감을 삼을 때만 아Q의 존재를 기억하지만 한가해지면 아Q 자체를 잊어버리는 미미한 존재에 지나지 않다. 그러나 아Q 본인은 자존심이 매우 강하다. 조나으리, 전나으리 그리고 조수재에게 조차도 존경하는 마음이 없다. 그러나 그의 최대의 흠인 머리에 난 부스럼 자국은 스스로도 꺼리게 되는데 이것으로 인하여 건달들에게 놀림과 수모를 당하게 된다. 상대를 봐가면서 대응하지만 항상 패하게 되어, 마침내 아Q식의 '정신승리법'으로 패배를 승리로 돌려놓게 된다.

제3장은 아Q의 현실의 패배를 공상적인 승리로 전환시켜 보상하려는 정신승리법이 주종을 이루고 있다. 정신승리법의 진면모를 보여주기 위해 미장의 사람들과 일련의 사건(에피소드)을 만들어 아Q의 정신적인 면모를 살펴보게 된다. 여기서 아Q의 가증스러움, 비열함, 병태적인 모습 등을 볼 수 있다.

제4장은 연애의 비극으로서 아Q는 조나으리 댁 하녀 오마에게 동침을 요구했다가 노여움을 사서 조수재에게 얻어맞고 벌금을 물고 서약까지 한다. 아Q에게는 인간의 기본적인 생리현상(연애)조차도 표현할 수 없게 하는 잔인함과 그의 가련한 처지를 보여준다.

제5장은 제4장의 구애 사건 결과로써 나타난 생계문제로 마침내 미장의 최하계급(실은 아Q의 바로 밑)인 소D에게조차 승부를 가리지 못하여 체면은 땅에 떨어졌으며, 일자리마저 소D에게 빼앗기게 되자 배를 곯게 된다. 마을 입구의 암자에서 무를 훔쳐 먹다 들킨 이후 미장에서는 더 이상 생계를 이어 갈 수가 없다는 것을 알게 된다. 결국 아Q가 미장에서 추방되는 비극적인 과정을 그리고 있다. 제4장과 5장에서는 소외되고 억압당하는 아Q의 가련함으로 일시적이나마 아Q에게 동정심을 유발하게 한다.

제6장에서 제9장까지는 아Q가 혁명에 참여하려고 하나 참여하지도 못하고, 혁명군으로 인해 발생한 약탈 사건으로 처형되는 과정을 그리고 있다. 성내에서 돌아온 아Q는 돈을 벌었다고 으스대면서 허풍과 자랑을 늘어놓지만 마을 사람들은 아Q가 좀도둑에 지나지 않았다는 것을 알게 되고, 아Q는 다시 궁핍한 처지에 몰리게 된다. 성내에서 일어난 혁명의 소문이 미장에까지 전해지고, 사방 백리 최고의 인물인 성내의 백거인 나으리조차 겁을 먹는 소문을 듣자 아Q도 혁명을 하기로 작정하고 혼자 신명이 나서 마을을 주름잡는다. 혁명당이 미장에 입성했지만 변화는 없고 이른바 혁명의 선두는 그가 경멸했던 가짜 양놈이 차지함으로써 아Q는 혁명당에 끼지도 못한 채 혁명 금지를 당하게 된다. 우연히 그는 조나으리 댁이 폭도들에게 약탈당하는 장면을 목격하게 되고, 혁명을 희구했던 아Q는 무고하게 강도로 오인되어 법정으로 압송된다. 그리고 아무 영문도 모르는 채심문을 받고 결국은 처형이 되는데, 처형장을 둘러싼 군중들은 아Q의 죽음에는 무심하고 오로지 구경거리로서 재미가 없었다는 점에 대해서만 의견이 분분하다.

3. 〈아Q정전〉에 나타난 정신승리법

아Q의 정신승리법은 당시 중국인이 가지고 있던 일반적인 결점을 상징적으로 묘사한 것이다. 즉, 자신의 결점을 사실 그대로 인정하지 않고 자기기만이나 공상적인 방법으로 합리화시켜 정신상의 극복 방법으로 삼는다. 아Q는 억압을 받으면서도 반항을 시도하지 않으며, 구차하게 현실에 안주하여 낙후되고 우매하면서도 각성하지 못하는 전형 인물이며 당시 사회 각계각층 다수인이 모두 공유하고 있는 특성이라 할 수 있다.

아편전쟁 이후 중국은 본격적으로 서구 열강의 침략을 받게 되고 중화사상에 잠겨 있던 지배층은 중국이 강대국에 의해 여지없이 동요되면서 패배주의에 빠지기 시작했다. 그러나 그들은 화려했던 옛 중국에 대한 향수를 느끼며 자기 환상에 빠져 약소국으로서의 현실을 인정하고 싶지 않았을 것이다. 이런 역사적 맥락에서 봉건 지배계층과 사대부들은 그들 나름대로의 정신승리법을 갖게 되었고, 수탈을 강요당하며 살아온 피지배계층 또한 그들 나름대로의 독특한 아Q식의 정신승리법을 갖게 되었다.

루쉰은 소설에서 감정의 억압이 내면적으로 발전함으로써 무엇보다도 번민과 무감각을 만들어냈는데, 이것은 당시 선량한 노동 민중들의 기본적인 성격적 특성이었다. 아Q에게 있어서는 누군가에게 핍박을 받았을 때 그 나름대로의 정신적 해소법을 창조해 내는데, 이것은 결국 강자에게서 받은 억압에 대한 울분과 자기 자신의 패배를 인정하고 싶지 않은 강한 자존심이 합쳐진 산물이라 하겠다.

소설에서 아Q의 성격은 풍부하고 다양하며 다혈질이다. 그는 자존심이 매우 강할 뿐만 아니라 보수적이며 무지몽매하다. 또한 그에게서 전형적으로 나타나는 부정확한 현실 인식, 자기기만의 태도, 강자에게 굴종하고 약자에게 으스대고 고통을 전가하는 노예근성 등 이른바 아Q정신을 통해 작가가 제기하는 당시 중국인의 문제점을 살펴볼 수 있다. 또한 루쉰은 〈아Q정전〉에서 실패한 신해혁명을 배경으로 아Q의 모습을 통해 반식민지 및 반봉건 치하에서 정신적으로 마비된 국민에 대한 연민을 형상화하고 있으며, 정신적으로 마비된 국가와 민족에 대한 의식이 결여된 강한 슬픔을 형상화하고 있다.

결론적으로 아Q의 정신승리법은 오랜 세월 봉건 통치의 영향과 제국주의의 열강의 침략으로 반봉건 반식민지 상태로 전락한 중국의 민족성을 대변하고 있다. 루쉰

이 〈아Q정전〉을 쓰게 된 동기도 이미 중국 민족에게 깊게 뿌리 박힌 '정신승리법'과 같은 정신적 해악을 비판하고 나아가서 낙후된 국민성을 개조하고자 하는 데 있다.

4. 토론하기

다음의 글은 〈아Q정전〉을 학습한 학생들이 '아Q는 비난의 대상인가, 연민의 대상인가'에 대해 자신의 의견을 서술한 글이다. 이를 참고하여 이 논제에 대해 자신의 생각을 자유롭게 말해 보자.

주인공 아Q의 인생과 그에게 주어진 불행이 참 안타깝고 슬프게 느껴지지만 한편으론 그가 비극적인 상황 속에서 부딪치고 맞서 줬더라면 하는 아쉬움과 함께 결국 죽음으로 끝나는 주인공을 보며 싸움하지 않음에 분노를 느끼게 된다.

정신적 승리법으로 살았던 아Q는 비난받을 만한 것이었는지, 아니면 그럴 수밖에 없었던 그가 참 측은하기에 연민의 마음을 주어야 하는 것인지 생각과 고민을 던져보게 된다. 그리고 나는 그에게 비난보다는 연민의 마음으로 더 다가가게 된다.

아Q의 정신적 승리법은 자기감정을 억제하는 방법이면서 자신의 결점을 사실 그대로 인정하지 않고 공상적인 방법으로 합리화시킨 정신적 고통의 자기 해소법이었다.

아Q도 처음부터 자신과 다른 이들에게 비겁하지는 않았다. 처음으로 모욕을 받았을 때 화를 내며 상대에게 따지고 욕도 하고 두들겨 패기도 했었다. 약자였지만 불만에 가득 찬 자신의 감정을 드러냈던 것이다. 하지만 결과적으로 그보다 더 심한 벌을 받았다. 그러면서 점점 자신의 감정을 드러내지 않고 감정표현을 억제하게 되어갔다. 인간은 본능적으로 자기를 억압하는 자에 맞서 대항하기 마련이지만 상대방이 엄청나게 강할 경우 대항하게 될 용기는 꺾이고 분노만 남게 된다. 강한 자존심을 가졌던 아Q에게 정신적 승리법은 결국 누군가의 핍박을 통해 감정표현이 억제되면서 생겨나게 된 것이다.

극장 매표소에서 온몸에 무서운 문신을 하고 덩치 큰 험상궂은 사람들이 나타나 오늘따라 사람들이 왜 이리 많냐는 둥 욕을 하며 새치기를 한다면 나는 과연 그들에게 '질서는 지키라고 있는 것이다'라고 소리 낼 수 있을까? '요즘 같은 무서운 세상에 그냥 참자. 잘못 건드렸다가 뉴스에 나오는 일이 생길 수도 있다. 피하는 게 상책이다. 그게 현명한 거다. 조금 늦게 예매한다고 영화가 재미없어지는 것도 아니고'라며 내 안에도 있는 아Q의 정신적 승리법을 발견하게 될지 모른다. 어디 나뿐일까?

아Q의 정신적 승리법은 인류의 보편적인 약점이며 전 인류의 공통적인 심리다. 강자에게서 받은 억압과 울분, 패배와 열등감 거기에 강한 자존심이 섞여 아Q는 정신적 승리법으로 살 수밖에 없었다. 그로 하여금 비겁해 보이지만 그렇게 살 수밖에 없게 만든 건 오롯이 그 혼자만의 문제가 아니라 타인들이 끊임없이 불을 지폈기 때문이리라. 이런 아Q에게 누가 비난의 돌을 던질 수 있을까? 비극적 상황을 뚫고 나가지 못하고 기형적 삶을 살 수밖에 없었던 주인공 아Q의 인생이 가증스럽고 속은 상하지만 핍박 속에 너무도 처량한 삶을 산 그에게 비난보다 연민의 마음을 던진다.

(A학생의 글을 재구성)

저는 루쉰의 〈아Q정전〉에서 아Q는 비난의 대상이라고 생각합니다. 왜냐하면 우선 아Q는 강약약강의 성격이기 때문입니다. 즉, 자신보다 강한 사람에게는 약한 모습을 보이며 그 자에게 숙이고 복종하거나 자신의 기분이나 감정보다는 그의 기분을 다 맞춰 주려 하지만 자신보다 약한 사람에게는 강한 모습을 보이며 때리고 괴롭히거나 좋지 않은 소리를 하고 상대방보다는 자신의 기분을 더 중요시하여 이기적인 모습을 보이는 성격입니다.

아Q는 자신보다 높고 강한 사람들에게는 맞거나 괴롭힘을 당해도 아무 소리도 하지 못하고 넘어갑니다. 하지만 길을 가다가 자신보다 약한 사람이 보이면 자신보다 강한 사람들에게 당했던 것처럼 그 사람을 때리거나 괴롭힙니다. 이러한 성격과 모습들은 좋지 않은 모습이고 강한 사람에게는 아무 말도 하지 못하면서 약한 사람에게는 나쁘게 구는 모습이 아주 비열하게 보이기 때문에 아Q가 비난의 대상이라고 생각하는 이유 중 하나로 선택하게 되었습니다.

또 아Q는 자존심이 매우 강합니다. 자존심이 강하다고 무턱대고 비난하는 것은 좋지 않지만, 아Q는 비난받을 행동들을 하기 때문에 비난의 대상이라고 생각합니다. 아Q는 자존심이 강해 자신의 패배를 승리로 돌리기 위한 정신승리법을 자신이 패배할 때마다 스스로 사용합니다. 자신의 패배를 인정하고 다음에는 그 패배를 경험으로 삼아 성장하는 것이 좋은 자세입니다. 하지만 아Q는 패배를 하게 되면 있는 사실 그대로 받아들이지 않고 '자신이 더 강하지만 져준 것이다', '약한 사람은 봐줘야지' 등 정신승리법을 사용하여 자신이 승리한 것처럼 생각합니다. 그리고 자신이 다 옳다고 생각하고 다른 사람들의 얘기는 옳지 않다고 생각하며 다른 사람들의 얘기를 받아들이지 않습니다. 그렇기 때문에 스스로도 성장하지 않고 자신의 세계에 갇혀 삽니다. 혼자 그렇게 생각하는 것은 괜찮지만 그 생각을 다른 사람들 말을 다 무시하고 강요하게 되면 남에게 피해를 주기 때문에 좋지 않습니다. 아Q는 자신의 생각이 옳다고 다른 사람들에게 얘기하고 다니고 다른 사람들이 그게 아니라 해도 듣지 않고 자신의 말이 옳다고 계속 말하고 다니기 때문에 충분히 비난받을 이유라고 생각됩니다. 또, 정신승리법을 사용하여 패배를 그대로 받아들이지 않는 모습은 자신을 성장시키지 못하고 다른 사람의 승리조차 밟게 되는 일이 될 수 있기 때문에 비난받는 이유 중 하나로 선택하였습니다.

마지막으로는 자신의 성공을 위해 도둑질을 하였습니다. 도둑질은 법에서도 처벌을 하게 한 만큼 올바르지 못한 행동입니다. 심지어 그 도둑질은 자신의 이익을 위해 한 범죄이므로 도둑질을 한 행동부터 원인까지 좋지 못합니다. 물론 도둑질은 어떤 이유로 했든 남의 것을 마음대로 훔쳐온 것이기 때문에 정당화할 수 없습니다. 아Q는 자신의 이익을 위해 남의 물건을 허락 없이 훔쳐와서 사용하고 그로 인해 자신이 이득을 얻었으므로 그에 대한 비난이 필요하다고 생각됩니다. 자신이 그 물건이 필요했으면 허락을 받던가 다른 경로로 그 물건을 얻었어야만 했습니다. 하지만 아Q는 그러지 않았고 남에게 피해를 주면서까지 자신의 이득을 취했기 때문에 비난받아야 마땅하다고 생각합니다.

아Q는 자신보다 강한 사람에게는 약한 모습을 보이고 자신보다 약한 사람에게는 강한 모습을 보입니다. 그리고 자존심이 매우 강해 자신의 패배를 받아들이지 않고 정신승리법을 사용하며 자신의 자존감으로 인해 다른 사람들이 피해를 입을 수 있습니다. 그리고 아Q는 도둑질을 하여 남에게 피해를 주면서까지 자신의 이득을 취해야만 했습니다. 그러므로 아Q는 비난의 대상이라고 생각합니다.

(B학생의 글을 재구성)

루쉰의 〈아Q정전〉에서 아Q는 그의 행동이 독자들에게 비난을 받기도 하겠지만 결국은 연민의 대상이라고 생각한다. 그렇게 생각하는 이유는 먼저, '이름도 출신도 불명확하며 하루하루 품팔이로 생계를 연명하는 힘이 약한 노동자 계층'이라는 아Q의 위치이다. 물론 그런 위치에 있다면 무슨 짓을 해도 연민의 대상이 된다는 의미는 아니다. 〈아Q정전〉은 암담한 봉건 전제 사회가 붕괴되고 새로운 공화국으로 넘어가는 계기가 된 신해혁명을 배경으로 한 소설이다. 그런 배경이기에 힘이 약한 노동자 위치인 아Q가 한 말과 행동들이 아Q의 위치를 통해 독자들로 하여금 참작할 수 있는 이유를 줄 수 있으며, 또한 보편적으로 소설에 등장하는 힘이 약한 노동자 계층은 독자들에게 비난보단 안타까운 감정을 일으키는 소재로 사용이 되기 때문이다.

두 번째 이유로는 그의 비극적인 죽음에 있다. 아Q는 자오 나리 댁의 약탈사건의 범인으로 죄를 뒤집어쓰고 총살을 당하여 죽게 된다. 작가가 아Q를 소설 속 비난의 대상으로 의도하고 만든 인물이라면 그런 비극적인 죽음으로 끝을 마무리하는 것이 이상하게 느껴진다. 악한 인물, 비난의 대상이기에 그에 맞는 결말을 주었다기에는 아Q의 평소 말, 행동에 대한 합당한 벌을 받아 마무리되는 것이 아닌, 다른 이의 죄를 억울하게 뒤집어쓰고 죽은 것이기에 독자들은 비난을 했다가도 결말을 보고 후련함이 아닌 찝찝함을 느꼈을 것이다. 또한 아Q가 배우지 못하고 자란 우매한 인간이라는 근본적인 이유가 책에서 계속 등장하기 때문에 아Q의 행위는 독자들에게 화를 불러일으키긴 하지만 그것이 억울한 죽음으로 이어지는 것에 동의하는 독자는 적을 것이며 오히려 아Q에게 연민을 느끼는 독자들이 훨씬 많을 것이라 판단한다. 그렇기에 나는 아Q가 비난의 대상이 아닌 연민의 대상이라고 생각한다.

(C학생의 글을 재구성)

〈아Q정전〉은 신해혁명 시기의 농촌생활을 제재로 하여 수 천 년 봉건 통치를 받으며 중국 민족에게 심어진 노예적인 의식에서 젖어 있는 우매한 중국인의 비참한 운명을 사실적으로 묘사한 작품이며 무기력한 중국인을 희화화한 작품이다. 이러한 시대적 배경 속에서 루쉰은 많은 사람들에게 계몽과 구원에 주의를 환기시켜 문학 개혁에 기여하고자 했던 의지를 보였기에 연민이 아닌 비난의 대상으로 민중을 투영시켜 표현한 것이라고 생각한다.

주인공을 성과 이름도 모르는 날품팔이꾼으로 요약하여 자존심이 강하고 병태적인 모습을 보이며 비열한 성격으로 설정한 이를 연민의 대상으로 바라보기엔 너무나도 강력히 비난의 대상으로 자리 잡혔다. 비록 아Q가 추방되는 비극적인 과정 이후 처형되거나 죽음에 무심한 군중들을 비춰주며 동정심을 유발할 수 있긴 하나, 이러한 감정을 유발하기 위한 동기가 너무나도 부족했다고 본다. 시비를 걸다 두들겨 맞고 애꿎은 여승에게 화풀이하거나, 갑자기 자식을 얻기 위해 결혼을 결심하며 추근대는 모습, 이로 인해 마을 사람들이 일감을 맡기지 않게 되자 같은 날품팔이에게 찾아가 화풀이를 하는 모습, 이어 정신적 승리법 등등, 연민의 대상으로 바라볼 수 없는 한심한 캐릭터로써 작가가 크게 설정하였기에 비난받기 타당한 인물이라고 생각한다. 자신의 잘못은 돌아보지 않고 망상과 일관되는 정신적 승리법을 통해 자기 합리화를 반복하며 남을 탓하기 바쁜 인물을 어떻게 연민의 대상으로 바라볼 수 있을지 의문스럽다.

이어 루쉰이 현실을 똑바로 보지 못하고 자기만족에 빠져 사는 중국인들에 대한 신랄한 비판과 풍자를 목적으로 작품을 이끌어 나갔기에, 연민의 대상으로 인물이 설정되었다면 읽는 이들에게 어떠한 동기 부여도 하지 못했을뿐더러, 현실 개혁의 의지는 전혀 보일 수 없었을 것이다. 보통 비판의 대상을 바라보며 자신에 대한 생각과 고민을 합쳐 돌아볼 수 있는 계기가 발생하게 되어 한층 더 발전된 사람으로 나아가게 된다. 하지만 연민은 스쳐 지나가는 감정 중 하나로, 스스로에게 질문을 던지며 무엇을 인식할 수 있는 소재가 아니기에, 아Q가 비난의 소재로 쓰이는 것이 작가의 목적에 부합하며 이러한 작품을 그려낸 타당성을 부여하기 위한 옳은 방법이라고 강하게 생각한다.

(D학생의 글을 재구성)

1) '아Q는 비난의 대상인가, 연민의 대상인가'

참고문헌

강숙아 외, 2019, 다빈치 글쓰기, 중앙대학교출판부

강치원, 2013, 토론의 힘, 느낌이있는책

경상대학교 글쓰기교재편찬위원회, 2018, 기초 글쓰기, 경상대학교출판부

경향신문

고려대학교 사고와표현 편찬위원회, 2014, 대학글쓰기의 이해, 고려대학교출판부

교양글쓰기 교재편찬위원회, 2014, 교양 글쓰기, 계명대학교 출판부

글쓰기기초 교재편찬위원회, 2014, 대학생을 위한 글쓰기 기초, 계명대학교 출판부

김성수 외, 2018, 생각하고 소통하는 글쓰기, 삼인

김양선 외, 2016, 대학생을 위한 글쓰기 강의, ㈜박이정

김은정, 2017, 자기소개서 작성 방안과 첨삭 지도의 실제. 문화와융합, 한국문화융합학회

김은정 외, 2016, 〈링컨-더글러스 토론〉 모형을 원용한 의사소통교육 연구, 인문과학연구, 대구가톨릭대학교인문과학연구소

김은정 외, 2017, 스토리텔링의 이해와 활용, 소소담담

김은정 외, 2021, 제4차 산업혁명시대의 대학교육, 교육과학사

김주현, 2012, 생각의 힘 비판적 사고와 토론, 아카넷

대학글쓰기 교재 편찬위원회, 2019, 신입생을 위한 대학 글쓰기, ㈜로직인

대학글쓰기의 이론과 실제, 2013, 대학 글쓰기의 이론과 실제, HUINE

데일리안

두산백과

루쉰, 2004, 아큐정전, 범우사

루쉰, 2018, 아큐정전, 마리북스

박윤우 외, 2013, 발표토론과 글쓰기, 북스힐

박인기 외, 2014, 토론 교육 무엇을 어떻게 가르칠 것인가, 한우리 북스

박재현, 2018, 교육토론의 원리와 실제, 사회평론아카데미

백미숙, 2014, 토론, 커뮤니케이션북스
송재일 외, 2017, 대학생을 위한 발표와 토론, ㈜박이정
이부현 외, 2017, 비판적 사고와 토론, 서현사
서울대학교 글쓰기의기초 편찬위원회, 2015, 글쓰기의 기초, 서울대학교 출판문화원
서울대학교대학국어편찬위원회, 2009, 대학국어-글읽기와 글쓰기, 서울대학교출판문화원
서울대학교 대학글쓰기1 교재편찬위원회, 2019, 대학 글쓰기1, 서울대학교출판문화원
스피치와 토론 교과교재 출간위원회, 2014. 소통의 기초 스피치와 토론, 성균관대학교출판부
신재한 외, 2012, 토의 · 토론교육의 이해와 실제, 한국학술정보
알프레드스나이더 외, 민병곤 외 편저, 2014, 수업의 완성 교실 토론, 사회평론
양현모 외, 2019, 토론,설득의 기술, REAL
이윤형 외, 2014, 사고와 표현, ㈜로직인
이호철, 2015, 이호철의 갈래별 글쓰기 교육, 보리
작자미상, 2017, 길가메시 서사시, 지식을만드는지식
작자미상, 2021, 길가메시 서사시, 현대지성
전남대학교 기초교육원, 2019, 성찰과 소통을 위한 글쓰기, 전남대학교출판문화원
전미옥 외, 2018, 대학생을 위한 글과 사고, ㈜백산출판사
정문성, 2017, 토의 · 토론 수업방법84, 교육과학사
천유철 외, 2019, 글쓰기 교육과 실제, 북샘출판사
최규수, 2014, 대학시절의 글쓰기1, 명지대학교출판부
프란츠 카프카, 1998, 변신, 민음사
프란츠 카프카, 2016, 변신, 아로파
한남대학교 2016, 교양융복합대학 교재개발(편찬)위원회, 논리적사고와 글쓰기, 글누리
홍진호, 2019, 문학작품 감상문 및 보고서 쓰기, 서울대학교출판문화원

찾아보기

저자 소개

■ 김은정

대구가톨릭대학교 일반대학원 국어국문학 전공(문학박사)
전, 대구가톨릭대학교 글쓰기말하기센터 연구교수
현, 경성대학교 창의인재대학 교양학부 조교수, 문학평론가, 스토리텔러, 칼럼니스트
〈저서〉 제4차 산업혁명시대의 대학교육, 사고와 표현, 스토리텔링의 이해와 활용, 문학과 인간

창의적 글쓰기와 명저 읽기

1판 1쇄 인쇄 ― 2022년 8월 29일
1판 1쇄 발행 ― 2022년 8월 31일

저　　자 - 김은정
발 행 인 - 강철원
발 행 처 - 양성원
주　　소 - 경기도 파주시 검산로 173번길 29-20
전　　화 - 031-946-3861(代)
팩　　스 - 031-946-3864
이 메 일 - tnwpub@naver.com
홈페이지 - tnwpub.co.kr
출판등록 - 2015년 8월 31일 제2015-000211호

ISBN 979-11-6126-472-1

정가 19,000원